U0502785

人才发展协会（ATD）
软技能系列

职场
创造力

［美］唐娜·波特　　［美］南希·坦南特　著
（Donna Porter）　　（Nancy Tennant）

刘瑾　译

CREATIVITY IN
TALENT DEVELOPMENT

中国科学技术出版社
·北 京·

Published by arrangement with the Association for Talent Development, Alexandria, Virginia USA.

北京市版权局著作权合同登记　图字：01-2022-5358。

图书在版编目（CIP）数据

职场创造力 /（美）唐娜·波特（Donna Porter），
（美）南希·坦南特（Nancy Tennant）著；刘瑾译 . —
北京；中国科学技术出版社，2023.7
书名原文：Creativity in Talent Development
ISBN 978-7-5236-0117-4

Ⅰ.①职… Ⅱ.①唐… ②南… ③刘… Ⅲ.①职业选
择—研究 Ⅳ.① C913.2

中国国家版本馆 CIP 数据核字 (2023) 第 069717 号

策划编辑	杜凡如　李　卫	**责任编辑**	杜凡如
封面设计	仙境设计	**版式设计**	蚂蚁设计
责任校对	焦　宁	**责任印制**	李晓霖

出　　版	中国科学技术出版社
发　　行	中国科学技术出版社有限公司发行部
地　　址	北京市海淀区中关村南大街 16 号
邮　　编	100081
发行电话	010-62173865
传　　真	010-62173081
网　　址	http://www.cspbooks.com.cn

开　　本	880mm×1230mm　1/32
字　　数	125 千字
印　　张	7.5
版　　次	2023 年 7 月第 1 版
印　　次	2023 年 7 月第 1 次印刷
印　　刷	北京盛通印刷股份有限公司
书　　号	ISBN 978-7-5236-0117-4/C · 234
定　　价	68.00 元

致父母：

感谢你们顺应天意，

收养我，爱我，

始终对我不离不弃。

——唐娜

致科科·比恩：

我最可爱的小舞女，

你正在我的梦中翩翩起舞。

——南希

致格温：

感谢你！不愧是绘画大师！

你赋予了我们的梦想生命，

让他活灵活现，风趣横生，跃然纸上。

导读

工作环境正在发生变化。过去，公司优先考虑的是如何大幅度提高工作绩效和生产力，侧重对员工开展培训，希望员工能够在更短的时间内完成更多的工作。如今，公司管理者已经意识到，员工可能确实提高了工作效率，但工作质量，尤其是员工之间的合作，并未得到改善。在可预见的未来，自动化程度有望进一步提高，硬技能和软技能需求之间的平衡还会发生变化。员工未来需要投入更多时间在机器能力相对弱的工作上，如人员管理、专业技能、与人沟通等。总之，人们现在比以往任何时候都更加看重软技能的价值。

这就要谈到人才发展了。

软技能的需求日益增长，人才发展专业人士在其中可以发挥独特的作用。他们和其他员工一起工作，为整个团队提供辅导；教学设计师跨职能部门工作，解决业务需求问题；学习型管理者利用影响力，获得更多预算或资源。但是，如

果人才发展专业人士不提高自身的软技能，又如何在未来帮助员工发展软技能呢？

在人才发展协会，我们致力于创造一个更好的世界，帮助像你这样的人才发展专业人士更好地在职场帮助人才发展。作为这项工作的一部分，人才发展协会设计了人才发展能力模型作为框架，用于指导人才发展工作从业者获得知识和技能来提高自身能力，帮助员工和组织实现进一步发展。虽然软技能在"打造个人能力"方面的作用最为突出，但实际上在这个模型中的各个能力范畴，包括发展职业能力和影响组织能力等方面，软技能都起着至关重要的作用。有了软技能，人才发展专业人士将在教学设计、培训交付和引导、未来准备、变革管理等方面，再上一个台阶。

人才发展专业人士需要关于如何发展人才的资源，也需要关于如何提高自身人际交往能力的指导，进而提高适应性、自我意识和同理心、创造性、协作性、影响力和说服力。人才发展协会的软技能系列提供的正是这方面的指导。

"人才发展协会（ATD）软技能系列"中的每本书各介绍了一项软技能，都是人才发展专业人士在帮助其组织和员工发展时所必备的。每本书均分为两部分。第一部分的内容是关于该技能是什么，为什么重要，提高该技能会在内外部遇到哪些障碍。第二部分将镜头转向人才发展专业人士的日常工作，关于他们在工作中怎样实践和完善这一技能。书中还提供了工作记录表、自我反思练习和最佳实践，让人才发展专业人士得以将其技术专长与新掌握的软技能相匹配，从而建立职业复原力。

本系列包括：

- 《职场适应力》
- 《职场情商力》
- 《职场创造力》
- 《职场合作力》
- 《职场影响力》

我们很高兴能为你提供这套"人才发展协会（ATD）软技能系列"，希望这些书能为你未来的学习和发展提供帮助。

杰克·哈洛（Jack Harlow）
人才发展协会出版社高级发展编辑

序言

噢，那些被名字耽误了的软技能！

多年来，组织机构都忽视软技能，强调技术技能，常常低估了团队合作、有效沟通、使用问题解决技巧和管理冲突的价值。新任经理之所以失败，是因为他们的晋升往往是基于技术资格，而没有考虑到人际关系和鼓励团队合作的软技能。就在十几年前，培训师还羞于启齿说他们的课程提升了人们的软技能。这是为什么？

◎ 软技能的前世今生

人们之所以不愿意承认他们用到了（或需要）软技能，通常是因为名字中这个不幸的"软"字，这让人们认为软技能不如会计或工程等"硬"技能价值高。顾名思义，软技能很容易掌握，或被认为太水了，不值得重点培养。这两种看法都是对软技能的误解。事实上，赛斯·戈丁（Seth Godin）称软技能为"货真价实的"技能，"因为软技能确实行之有效，是我们现在需要的核心技能"。

然而，整个社会看重的似乎都是技术技能，而不是人际交往技能。我们钦佩的是研发新型冠状病毒疫苗的科学家，而不是人们在居家隔离期间利用沟通技巧与员工互动的领导者。我们承认不会开飞机很容易，但我们相信自己很有创造力，或者能很快适应环境。之所以会如此，是因为我们一辈子都听人这么说，对此耳熟能详——事实上却并不是这样。因此，我们更加重视通过获取高等学位和毕业后的培训认证来学习技术技能，以便能找到工作，而不重视掌握人际关系技能。

幸运的是，许多企业和企业管理者现在都已经认识到，如果员工的技术知识能得到软技能的支持，会产生很大的价值。因为软技能对你职业生涯的重要性，远比你想象中要大。请考虑：作为就业重构峰会 ①（Jobs Reset Summit）的一部分，世界经济论坛确定 50% 的劳动力需要技能再培训和

① 就业重构峰会，由世界经济论坛举办，汇集来自商界、政府、社会组织、媒体的卓越领袖和广大公众，共同制定有助于促进增长、增加就业、提升技能和促进平等的新议程。——编者注

技能提升。峰会还确定了未来十大职业技能的再培训需求。在 21 世纪所需的 10 项技能中，有 8 项是非技术性的，包括：创造力、独创性、主动性、领导力、社会影响力、复原力、抗压能力和灵活性。领英在 2019 年《全球人才趋势报告》（*Global Talent Trends Report*）中指出，掌握软技能是推动工作场所未来发展最重要的趋势：91% 的受访者表示，软技能与技术技能一样重要或更重要，80% 的受访者认为软技能对组织的成功非常重要。德勤的一份报告表明，"到 2030年，软技能密集型工作将占到所有工作的三分之二"，而具备协作、团队合作和创新相关技能的员工，每年可为企业多增加 2000 美元的价值。随着机器人成本的降低和人工智能的发展，团队合作、解决问题、创造力和影响力等软技能变得越来越重要。

软技能可能不像人们最初想象的那样，只作为一个可选项而存在。

◎ 软技能的重要性

软技能有时被称为企业技能或就业技能。尽管名声不好，但特别有价值，因为软技能可以在工作、职业、部门甚至行业之间转移，不像硬技能或技术技能那样，通常只与特定工作相关。沟通能力一般是最重要的软技能，但软技能还包含其他技能，比如在"人才发展协会（ATD）软技能系列"中谈到的：情商力、适应力、合作力、创造力和影响力。这些个人特质会影响员工信任度、责任感和职业道德。

软技能之所以重要，还因为几乎所有工作都需要员工之间互动。组织要求员工具备完成各项工作所必需的技术技能和正式资格。然而，事实是，商业中讲的就是关系，组织的成功也依赖于关系。这就是成功的员工、富有成效的组织和软技能碰撞出火花的地方。

◎ 软技能与人才发展能力模型

人才发展专业人士是确保组织具备成功所需的全部技术类技能和软技能的重要因素。我有时仅仅是想到为确保组织、客户、领导、学员和自身成功需要了解的一切，就已经筋疲力尽了。人才发展工作绝非千篇一律，每天、每个设计、每次产出的结果都不一样，参与者也各有各的情况。有差异是好事，因为有挑战才能有更好的发展。

作为人才发展专业人士，我们明白软技能对于员工的培训和发展至关重要，但我们自己呢？你需要哪些软技能才能在职业生涯中取得成功？是否思考过你需要精通的所有技能？

人才发展协会的人才发展能力模型有助于你认识到自身需要提高的技能，但模型中相应软技能的描述较简单，你还需要自己进一步了解更多相关内容。以下是一些例子：

- **个人提升能力**专属软技能，但未能列出其全部。很明显，沟通、情商、决策、协作、文化意识、道德行为和终身学习都是软技能。项目管理可能更具技术性，但如果没有良好的沟通和团队合作，项目就不可能成功。

- **专业发展能力**需要软技能贯穿始终。如果没有创造力，如何实现教学设计和培训授课？如果不注重情商力和影响力，就无法指导或处理职业发展问题。即使是技术应用和知识管理，也需要人才发展专业人士有适应性、创造力和合作力，才可能成功。

- **组织影响能力**侧重于在领导和组织层面工作时用到的

软技能。为获得商业洞察力，成为管理层的合作伙伴，发展组织文化，你需要与最高管理层合作，发挥影响力，并借助情商技能与最高管理层沟通。人才战略相关工作需要适应力和影响力方面的软技能。如果没有良好的沟通、情商和团队合作，就不可能成功实现改变。

为未来做准备，你需要创造力和创新精神。

简而言之，软技能能让人才发展专业人士与他人有效互动，从而掌握能力模型中跨学科的 23 项能力。

◎ 软技能：专业精神的关键

作为人才发展专业人士，我们要精通几乎所有软技能，才能履行最基本的工作职责。然而，发展软技能的重要性还有一个更为基础的因素：只有掌握了这些技能，我们才能表现出专业精神，从而赢得利益相关者、学员和同事的尊重。我们必须专业，否则怎么能被称作人才发展"专业人士"呢？

专业精神是推动我们事业发展的动力。为了让"人才发展专业人士"这个称号名副其实，我们要做高绩效者，展示出技术人才能力清单之外的素质和技能；自身要精通各项软技能，才能从容地为他人提供帮助；成为团队中的一员，证明我们能和别人合作良好；要情商高，确保察觉到、控制好和表达出自己的情绪，处理好人际关系；有创造性，帮助组织在竞争中占有优势；要适应性强，帮助组织为迎接未来做好准备；还需要影响力技能，以便自己也能在未来占有一席之地。

我们需要与各自岗位所匹配的知识和技能来完成工作，而那些成功人士同时也精通软技能。生活中的每一天，与他人的每一次互动，你都用得到这些软技能。软技能让人头脑灵活、足智多谋、复原力强，可以提高专业水平，促使职业成功，缺乏这些技能则可能会限制职业发展。

显然，软技能比人们以前认为的更重要，对于人才发展专业人士和培训师来说更是如此。学员和客户希望你的大多数课程主题都有前瞻性，还希望你为职业成功所需的技能建模。要让自己更专业，你需要哪些软技能？更清晰地沟通？人际交往能力？更加灵活？自我管理？专业风采？还是足智多谋？

E. E. 卡明斯（E. E. Cummings）说过："成长并成为真正的自己，需要勇气。"我希望你有勇气决定需要提高哪些技能才能成为最好的培训师——尤其是那些被误命名的软技能，它们一点儿都不软。你还要为自己树立足够高的标准，让自己保持训练状态。"人才发展协会（ATD）软技能系列"的这5本书，为你提供了一个很好的起点。

伊莱恩·碧柯（Elaine Biech）

《职业成功的技能：最大化你在工作中的潜力》（*Skills for Career Success: Maximizing Your Potential at Work*）作者

前言

　　阿萨（Asa）在房间里走来走去，她指着一个酒杯说："青蛙。"在两分钟的练习中，她继续进行着她的任务。只见她指着一张便签，并将其错误地命名为"食人族"。她加快步伐走进会议室，在那里找到了一些日常用品（白板、活动挂图、记号笔、桌子、椅子、笔记本）。她迅速指认着每个物品，自豪地将它们命名为"黄瓜、高大的松树、鳄梨、鸡肉、风筝和海鸥"。她的心情显得很轻松，玩得很开心，她感觉这个游戏非常有趣。

　　接下来，在同样的指导下，蒂姆（Tim）进行了一模一样的两分钟练习。他不像阿萨那样在房间里蹦蹦跳跳，只是埋头苦思冥想。只见他一脸焦急地寻找着某个物品，然后突然停住脚步，歪着头，绞尽脑汁地想说出一个错误的名称，但毫无所获。他低声喃喃："出错有多难？"当他自认为可以在不显愚蠢的情况下完成计时任务时，教练说道："不要停止行走，要继续前进，继续指认并对房间里的东西进行错误命名。"

可是，这里无处藏身。蒂姆越来越沮丧，声音里的恐慌也越来越明显。他不想感到尴尬，于是，决定用动物名进行错误命名，从而摆脱目前的窘境。尽管教练已经建议他不要这样做，但是他已经绝望至极，别无他法。他带着一丝自信，说出了"长颈鹿，啊……羚羊，啊……大象，啊……蛇，哦……猫"。教练说时间到了。蒂姆简直不敢相信这个过程竟然这么难。

◎ 发生了什么

我们正参加一场创意活动，该活动由我们杰出的朋友詹娜·索贝尔（Janna Sobel）发起。在命名游戏中，詹娜先让研讨会的每个参与者在房间里走来走去，用手指着某个东西，同时快速大声说出它的名字。她告诉参与者，要一直坚持下去，直到游戏结束，并尽可能多地说出物品的名字。詹娜给了每个人两分钟的时间。

在练习的第二个环节，詹娜让他们一边在房间里快速走动，一边指向某个东西并说出名字，而这一次是要对它们进行错误命名。詹娜再次鼓励参与者，要尽可能多地完成任务。她又给了大家两分钟时间。在第二个环节，我们遇到了前面提到的阿萨和蒂姆。阿萨创造性地、毫不费力地错误命名了对象，而蒂姆却在苦苦挣扎。正如大多数研讨会参与者所了解的那样，当你已知正确的名称时，就很难进行错误命名。尤其和同龄人在一起时，这样做会更困难。你大脑中的潜意识，会让你避免陷入这样的尴尬。

通过体验这个简单的游戏并将其引申到我们对创造力的理解中，我们可以学习或重新学习 4 个基本真理：

1. 创造力相当重要。它的效用多种多样，包括激励、沟通、解决问题、激发创新和坚持。创造力对人类生存至关重要。今天，不管是在人类的宏大愿景上，还是在更普通的目标上，创造力都至关重要。对于完成我们的工作、实现个人追求和职业目标、在职业生涯中苗壮成长和进步来说，创造力同样重要。创造力使我们的生活变得更美好、更有意义。

2. 我们的创造力都是与生俱来的。阿萨不是一个专门从事错误命名的学者，蒂姆也没有经常接受创造性的挑战。好在，科学还没有发现有一个基因组序列，可以保证一些人成为创造力方面的天才。我们每个人都有潜力去做阿萨所做的事情，即释放我们内心的创造力。

3.我们可以变得更具创造力。有些工具可以让我们变得更有创造力。创造力是天生的，还是后天培养的呢？有证据表明，两者兼而有之。我们生来就有创造力。但有研究表明，当在生活中面临转型时，我们会失去创造力。幸运的是，先天和后天培养并不会相互排斥。我们可以学会创造，我们可以利用潜在的过程和工具变得更有创造力。

4.我们可以克服限制创造力的障碍。有很多方法可以帮助我们识别并克服这些障碍。在命名游戏练习中，我们看到蒂姆受困于两个障碍，我们将在本书后面继续探讨这两个障碍：一是不想在同龄人面前感到尴尬；二是不想通过变通的办法来恢复我们在面对未知时的信心。这两个障碍最终都会限制创造力。

◎ 谁应该阅读本书

本书是为任何想在工作或个人生活中更具创造力的人准备的。它特别适用于那些在团队中工作的人，在这些团队中，创造力会让个人具备不同的优势，让个人区别于客户、内部和外部合作伙伴及其他利益相关者。本书提供了一个"可变的阅读界面"，在你要激发创造力的时候，它能满足你的需求。如果你相信创造力不在你的掌握中，本书将推动你释放内在的创造力。如果你很有创意，还想变得更有创意，本书将提升你的创造力水平。如果你是一个有创造力的人，正在面对可怕的"空白页"，却没有任何想法，本书将带你越过瓶颈，进入开放空间。

◎ 为什么这本书重要

　　我们写这本书是为了向你承诺：我们将解构关于创造力的信息泥潭，并提供一种有目的和实用的方式，让更多创造力进入你的生活。我们会关注那些在团队工作的人，尤其是从事人力资源工作的人员，因为他们致力于为客户和员工解决问题。

　　本书第一部分通过提供关于创造力的背景和定义来奠定基础。在这个竞争激烈的时代，我们将为创造力提供商业案例。之后，我们概述了创造力为什么对团队至关重要，以及创造力如何成为你箭袋中的一支箭，帮你实现个人和职业目标。我们还将揭露在团队中，人们对创造力的误解和错误假设。我们将用 3 个挑战来总结上半部分内容，以期为你、为你的同事和为你的团队带来更多创造力。

在本书第二部分，我们将探讨与人才发展角色相关的创造力。在大型团队中，我们都担任过重要的人才发展角色。我们运用韦恩图画出这些角色面临的前沿性挑战和创造力专家成功之路的交叉点，为本书提供了独具特色的亮点。它将培养你的个人能力和竞争力，为你所在的团队创造机会并解决人才问题。我们希望将创造力带入人才发展空间，将为你提供工具、技术和手段，让你变得更具好奇心，这是你变得更有创造力的先决条件。本书还提供了如何释放他人创造力的方法，介绍了非凡创意环境的创建途径。这可能适用于你所属的团队、你领导的团队，以及整个公司。最后，我们将探索创造力与科技结合的新世界，了解技术平台如何以前所未有的速度为我们生活的虚拟空间中的团队带来创造力。我们将向你发起挑战，为你的虚拟团队和平台带来创造力。

本书的每一章都提供了一套实用的见解、技能和工具，指导你朝着更高的创造力水平前进。我们将鼓励你使用其他方式，为你的生活带来更多创造力。这可能是通过音乐、艺术、求新、发现、流行文化、历史、意图和正念实现的。我们希望你能探索新的地方，去一些你从没去过的地方。

◎ 创建你的创造力日志

我们建议你制作一本创造力日志，与本书一起使用。我们会给你安排一些日志练习，把你对练习的反馈集中在一起，这会非常有用。你可以在附录找到完整的创造力日志，可以参考这些日志来获取灵感和实战例子。我们鼓励你创建一个多模式日志，用文字和图片表达你的创造力。随着你对本书阅读的深入，我们会给你更多指导。请找一本新日志，在里面写上名字和日期，准备好惊艳自己吧。无论是现在读这本书，还是几年后回顾这本书，你都会对自己说："就在那时，我敞开心扉，将内心的创造力释放到这个世界上。"

◎ 尝试命名游戏练习

试试詹娜的命名游戏练习。你会发现，创造力不是通过阅读来培养的，你必须制订相关计划，然后执行它。找一群同事参加这个游戏，每个人大约两分钟，在房间里走来走去，指着物品说出它们正确的名字。然后大家继续在房间里走来走去，指着刚才的物品给它们取错误的名字，直到两分钟后结束。请把你的发现作为创作日志的第一个条目。用你所学到的知识画一幅图画，并写下经验教训。

◎ 收获更多

我们很高兴为你提供新方式，让你在工作和个人生活中融入更多的创造力。我们将在本书后面谈到阿萨，并详细介绍她是如何利用自己的创意工具和经历在命名游戏中取得成功的。虽然命名游戏没有商业成果，但我们可以把创造力转移到工作场所，在那里创造力可以激发创新、促进沟通、解决问题和产生乐趣。

我们赞扬终身学习者，他们总是在寻找新想法、新火花和解决问题的新方法。本书提供的提升创造力的工具和方法，可以成为你毕生追求更高成就的火花。

目 录
CONTENTS

第一部分
创造力案例

PART 1

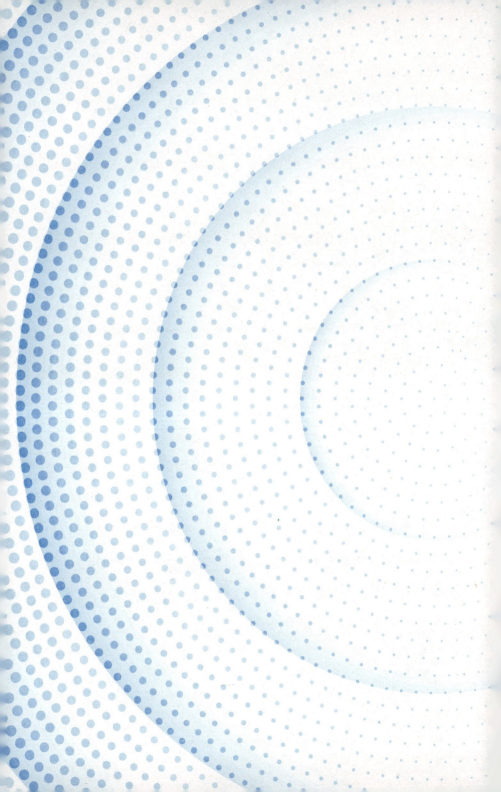

第一章
何为创造
CHAPTER 1

> 创造力是人类所特有的且具有决定性的特征，
> 人类的终极目标是自我理解。
>
> ——爱德华·威尔逊（Edward Wilson）

20 世纪 90 年代末，美国国家航空航天局（NASA）发射了火星气候探测器（Martian Climate Orbiter）。该探测器的主要探测任务是确定火星里水资源的分布并监测天气状况。探测器在执行任务期间，会与火星表面的着陆器通信，然后将探测数据发回美国国家航空航天局进行分析。令人遗憾的是，通信在任务中出现了问题，这可能是测量系统对探测器路径使用的术语理解错误造成的。美国国家航空航天局提供的数据程序使用的是美国官方惯用的单位[①]，而一位关键的

[①] 美国官方惯用单位为英制单位，即 Imperial Units 或 U.S. Customary Units。——编者注

承包商负责完成计算部分，该承包商使用的则是国际单位制
（SI）。这简直是驴唇不对马嘴，这两种计量单位毫不相干。
在美国国家航空航天局的精密科技中，差之毫厘，谬以千
里。对探测器路径的错误计算，导致探测器偏离其轨道并最
终弹回最高大气层而消失。美国国家航空航天局任务的完成
需要双方对概念的定义保持一致，对理解达成共识。同样，
在我们的工作生活中也是如此。所以我们是否就"创造"一
词的含义达成了共识呢？

团队工作中经常混淆一词多义的术语。因为对于同一个
术语，学者、作者和从业人员会有不同的定义，从而导致了
术语的多重定义。通常，人们不会检验他们对术语的理解是
否一致。例如，创新、人才、团队和领导力等具有模棱两可
词义的术语。花点儿时间定义术语是值得的，这样我们就不
会陷入错误的语境。

◎ 外来术语：罪名成立

"creativity"是个外来词。外来术语是常见术语，但某
些人为达到他们的目的，操控了这些术语，他们歪曲了外

来术语最初的意思。这种情况发生得越多，某个词失去的共同意义就越多。1875 年，阿道夫·威廉·沃德首次使用"creativity"来形容莎士比亚诗歌的创造力，但直到第二次世界大战，这个词才得到普遍使用。"creativity"作为外来词已经有了不同的含义，包括新奇的意见、新奇的事物、艺术作品的生产、思想创造、有效性、有用性、实用性、想象力、创新和发明。罗伯特·E.弗兰肯（Robert E. Franken）认为："创造力是一种产生或承认想法、备选方案或可能性的倾向，这些想法、备选方案或可能性在解决问题、与他人交流、娱乐自己和他人时可能有用。"这也是我们最喜欢的定义之一。

在本书中，我们将"创造力"定义为：通过新颖的视角来认知或产生想法的能力，这些想法与众不同并能让人有种顿悟、愉悦的感觉！

本书的目的在于解构"创造力"的混淆概念，为组织和个人生活提供更多有针对性且实用的"创造力"，让我们来分解一下上述定义。

认知。很多人认为只有富有创造力的人才能产生新想法，但应该注意的是，对创造力独具慧眼的领导同样有着重要的作用。在团队中，这些人常常帮助创造者在成功的道路

上清除障碍，克服重重困难。

创造。谈到创造的定义，我们会马上想到它的词根。但现在，我们倾向于这种解释。创造是把某些不见天日的事物带到现实世界。创造力必须源自你的头脑或内心，然后融入你的生活。否则它又有什么用呢？

新颖的视角。创造力本身并不能解决问题。然而，它确实创造了新颖的视角。这对解决我们面临的许多棘手问题至关重要。对于世界或者你的团队而言，这些观点或将成为巅覆性的观点。

不落俗套。创造力不仅会颠覆我们的传统观念，还会与其背道而驰。显而易见，创造力意味着打破常规。不落俗套是打破常规的代名词。不过，我们的定义关联了语境——基于此种条件，我们便有了自己的独特之处，与周围那些维持现状的人截然不同。但是，我们也会人云亦云、亦步亦趋。每每脑中浮现些许创意的想法时，我们也会随波逐流般地批判自己的想法，从而阻碍自己的创造力。

灵感的顿悟感。某些时刻，我们灵光一现、恍然大悟、茅塞顿开甚至如梦初醒。这种时刻，我们称之为"醍醐灌顶"。而创造力的产生，就应该来自某一时刻的醍醐灌顶和某种如汤沃雪般的情感反应，如图 1-1 所示。

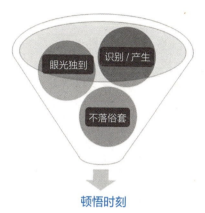

图 1-1　创造力的产生

◎ 一往无前的创造之力

　　基于以上定义，我们对其起源进行了研究。"creativity"，词源为拉丁语的单词"creare"，是个动词，意为"带来某物"。我们青睐和"creare"有关的行动——把某些不见天日的事物带到世界。但是，仅依靠创造性的思考去行动远远不够，还必须不务空名、做些实事，将想法付之行动，使其成为现实，而非纸上谈兵。大家都喜欢创造力中的这种运动概念，美其名曰"奋力向前的创造力"。把你的创造力从头脑和心灵中释放出来，让它与世界合为一体，传递出去，以此激发他人的创造力。

一往无前的创造力令人心驰神往，这是它的附加品质。这也就意味着，人们总是在追求创造力，但却从未真正拥有过。我们通过不断地完善自己，终身学习，我们也会变得越来越有创造力。创造力谈及的是一个运动过程，而不是最后的目的地。奋力向前的创造力既是概念，也是一种激励。创造力从与生俱来到后天培养的转变，使人们具有风采与自信。

何为一往无前的创造力，勇气也是其定义的一部分。做一件有创造力的事，不随波逐流，敢于向世俗发起挑战，甚至挑战自身，并非易事。我们认为，当人们觉得自身缺乏创造力时，并非是真的缺乏这种能力，而是他们或许没有足够的勇气释放内心的创造力。因此，一往无前的创造力是我们促使自身向世俗发起挑战的口号。

◎ 你的创造力灵感

"Muse"（缪斯）一词源于希腊神话，意为主管艺术与科学的女神。现实生活中，我们用该词指代那些给你带来灵感的人。通过"你的创造力缪斯"进行练习，以此思考，看看你的生活和工作中，哪些人极具创造力。该练习法尽量不要用在灵感满满的人身上，如艺术家、诗人等。完整示例请参阅附录。

◎ 创造力：人类对机器

生活中，机器取代人类工作的新闻比比皆是。那么，人类的创造力会被机器学习抑或是人工智能（AI）取代吗？关于这个问题，我们可以说，在大多数国家，一个新产品申请专利的前提是发明者必须为人类。虽然，解决问题属于机器学习的领域（但其有局限性），可发现问题却恰恰相反，至少现在事实如此。目前，对人类而言，有可能发生的情况是：人们发现新问题，或发现新问题后与人工智能合力解决。就目前来说，正如我们在本书中给出的定义：创造力仍属人类独有领域。

可是，人工智能着实可以提高我们的创造力。如今，人工智能还停留在只能由人类输入数据，从而进行选择的阶段，还无法实现在自己想象的选项中进行选择。或许未来这种情况会被改变，但纯粹的创造力仍是我们人类独有的特征。尽管机器在创造力方面取代不了我们，但它们还是能帮助我们。那么，人工智能会变得有创造力吗？我们要明白，只要涉及人工智能，就永远不要说"不可能"。

◎ 比较与对比

我们将创造力定义为：通过独特的视角来识别或催生想法，这些想法不落俗套，并能让人有种醍醐灌顶的感觉！这一定义由我们构想，目的在于关注各个组织中的专业群体。例如，人才发展专业人员这一群体在创造力的帮助下，可以解决一些内部合作伙伴或客户的问题。因此，这样一个问题就渐渐浮出：本书定义的创造力，是怎样与从表面上看与创造力相似或相同的实践联系在一起的呢？我们试比较以下几点概念：

创新。创新是将一种想法或发明转化为一种商品或服务，从而创造价值或让顾客甘愿为之付费。尽管创新与创造力存在一些重叠，但前者显然侧重于从解决方案的终端用户或客户那里获取价值。话虽如此，在创新过程中的关键时刻，尤其是在分歧处，创造力也是必不可少的一部分。

发明。发明指构想出人类以前从未制造出或使用过的物品的行为。对于发明来说，创造力是必要组成部分，但两者并不完全相同。

工艺。工艺是一种涉及手工制作技能的活动。倘若你是某项工艺的创始人，那么你有可能在创作过程中运用了你的创造力。倘若你正在制作工艺，那么你可能是在遵循说明，而不是发挥创造力。

设计。史蒂夫·乔布斯定义设计为"设计不只是物品外观怎样，感觉如何，设计就是其运作方式"。设计是以用户为中心，通过计划、规范，从而构建一个对象、系统或过程。的确，设计在整个过程中运用了创造力，但它与创造力并不相同。

想象力。想象力是指在脑海中形成某种未出现过的事物的行为或能力，这种事物在感觉或现实中不曾出现过。想象力是创造力的一个组成部分，反之亦然，但它们在激发创造力方面有着截然不同的作用。

幻想。幻想指创造不现实或不可能出现的心理意象的力量或过程，如白日梦。创造力也同样创造心理意象，但它强调创造一些现实和可能出现的东西。

◎ 例子：工作环境中可见到的创造力

在本章开头，通过美国国家航空航天局的一个实例，我们对创造力相关的定义做出了解释说明。正好，这个例子和我们的生活息息相关，它不经意间向我们诠释了工作场所中存在的创造力。记得当年我们为惠而浦公司工作时，人才管理部门的一个年度任务就是为高层领导小组设计一个年度领导力会议。我们根据首席执行官和执行委员会想要讨论的问题进行了设计。那年他们探讨的主题是："直言不讳地指出你认为错的事情，难吗？"为了给本次研讨会增添几分活跃的气氛，我们决定带领导小组前往一个地方——美国佛罗里达州卡纳维拉尔角的肯尼迪航天中心，让他们身临其境、直接了解"挑战者号航天飞机灾难"事件。

1986年1月28日，"挑战者号"航天飞机升空后爆炸，这场事故的罪魁祸首是橡胶密封圈在低温下失灵。众所周知，当气温低于53℃时，橡胶密封圈会变得非常敏感。"挑

战者号"发射当天，气温为 36℃，低于 53℃。那么，美国
航空航天局为何会在明知橡胶密封圈可能失灵的情况下，还
继续发射呢？针对其原因，很多人进行了案例研究。他们主
要集中研究分析这一命运多舛的发射背后的一系列原因，像
工程、公共关系以及政策只是提到的小部分因素。对此，我
们更为关注的是该团队领导的失败，他们既没有能够创造一
个能畅所欲言的工作环境，也没有营造出能够表达自己标新
立异想法的工作氛围。

这次研讨会为期 3 天，我们安排一个上午专门用来参观
肯尼迪航天中心。很幸运的是，我们成功联系上了美国航空
航天局。这为此次研讨会参与者提供了幕后体验。我们还安
排了美国航天局的人发言。在领导力课程上，他们将"挑战
者号"事故与生活联系起来进行演说。他们中的大多数人遇
到过飞行灾难，并在其中担任过领导角色。因此，在分享亲
身经历的故事和经验教训这方面他们很有话语权。演讲内容
让在座的听众十分感动，也让他们遗憾未能给大众创造一个
可以突破常规，不受公共关系与政治权力约束的言论环境。
他们对此感到自责。这是一次令人难忘的经历，领导们勇敢
地讲出他们的故事，分享了他们如何改变自己的历程。其中

的许多人说："即使我觉得世人错了，我也会顾及他们的意愿。"这种决策所带来的影响——逝去的生命比我们大多数人在工作生活中所面临的任何事情都要重要。结束后，大家心里都留下了不可磨灭的印象。

下午，回到酒店会议室，我们接着对美国航空航天局的经验做了简短汇报。在我们的计划中，我们不曾设想过这场访问带给管理者们情感上的波动，也未曾设想返程路上他们将会如何反思自己各种或大或小曾经有意无意忽视大众的时刻，反思在个人或职业生涯中的各种失败。

汇报结束后，我们将开始下一个商业话题的讨论。然而，突然有人打断讨论说道："我不知道其他人怎么想的，但我还没准备好进入下一个话题。我想就这个话题再多说几句。"之后，出乎所有人的意料，这个人走到会议室前面，滔滔不绝地开始分享此次访问对他的影响有多大，开始反思那些他在某些情况下未能表态的情形。那天，他表明态度：只要他觉得世人的方向错了，他就誓死不屈地维护自己的立场，竭力对抗大众。听罢，其他领导者纷纷紧随其后，走到会议室前面，分享他们这一早上被触动的情感，以及他们在领导力课程上学到的环境创造法——通过创造环境让人们在看到令人担忧的事情时可以放心地吐露出来。作为研讨会的主持者，我们亲眼看到了整个过程，并称之为有声课程。我们取消了整个下午的议程。我们做了以前从未做过的事，我们将会议移交给参会人员。就这样，我们度过了一个难以忘怀的下午。

那么此刻，让我们把创造力的定义比作一个镜头，用它来评价当我们的研讨会设计师当初提出在美国航空航天局举办工作坊的点子时，创造力发生了什么。向首席执行官提出参观美国航空航天局的那天，我们一直记忆犹新。我们从来没有做过这样的事：惊天动地又需要勇气，整个过程冒险味十足。我们甚至不清楚惠尔浦公司首席执行官会对此作何反应。好在，他瞬间明白了这一想法，并且投入创造共同体验的事情中。在他看来，这场参观无可替代，它打开了一个新颖的视角。这一刻，与众不同、打破常规、充满了顿悟和愉悦感。

然而，在这个故事中还存在另一个至关重要的创造性课程，该课程与我们的行为无关。当研讨会参与者站起来，分享此次参观是如何影响他们的，他们转而成了会议的主导者时，团队创造力就开始发挥作用了。如何更好地度过这一天的剩余时间，对此他们每个人都有各自的看法。他们还分享了一些自己在职业生活中为挑战常规而不断奋斗的经历。虽然，这些经历中没有一个能达到"挑战者号"的标准。但当他们认为大众不正确时，他们肯定会感到随大流的压力。当时，他们感受到了大家的感受，顺势主导了研讨会，从而改变了我们规定的谁来举办领导力培养研讨会，或者谁应该负责管理运行。在这一点上，我们唯一的创造性贡献就是认识到它并为此让道。在那一刻，我们成为创造力的鉴别师。

◎ 我需要创造力做什么

在创新领域，克莱顿·克里斯坦森可谓是大师级人物。以"聘用"的方式对待产品和服务，这是他创新的工具之一。他称之为"待完成的工作"。在创造力方面，我们希望你使用相同的逻辑。在第二章中，我们将探讨为什么创造力至关重要，并讨论一个更广泛的，关于个人、团队和组织的创造力。阅读下一章，你需要做一些准备。为此，我们准备了以下练习。现在，让我们来探究一下你在职业或个人生活中"聘用"创造力的目的。图 1-2 为你提供了一些开始思考的选项。这些选项来自我们多年来举办的创造力研讨会的经验。

- 自我实现——发挥我的真实潜力
- 能解决工作上的问题
- 用新的方式思考
- 用新的方式做事
- 提高我讲故事的能力
- 提升我的个人魅力
- 启动一项新的职业

- 鼓足勇气
- 探索可能性
- 消除日常生活中的无聊
- 提供一个消遣
- 清除恶魔
- 玩得开心
- 激发好奇心
- 完成我的工作

图 1-2　我需要创造力做什么

除了神话和敌人，我们鼓励你反思：在"待完成的工作"练习中，你需要创造力来做些什么。想想你生活中的三个领域，创造力可以产生哪些新的结果。不同的工作可以运用哪些不同的创造力？你可以"聘用"创造力做哪些事呢？尽可能地将其多样化。请你也画出你的想法，无论多么简单也没关系，大家也不关注这个。来吧，用你的绘画来挑战大众吧！你会"聘用"创造力去做哪三件事？

◎ 标新立异

关于创造力的具体含义，还有很多需要仔细考虑的地方。作为一个外来术语，"创造力"一词的定义目前还未明确。我们相信，给其下的定义——通过一种新颖的视角来感知或产生想法，不随波逐流，标新立异，创造灵感——为组织内部的创造力提供了一种简洁而全面的方式。

其中，我们想强调的是要敢于不落俗套、挑战大众，这个大众包括你自己。我们自己常常是创造力最大的敌人。事实上，我们大多数人都应该把"我"写在敌人列表的最前面。我们想让你开始迈出的第一步，便是挑战大众。

也许，这只是为了让事情有趣。你可以回忆一下导言部分命名游戏中的阿萨和蒂姆。在每一个转折点上，阿萨都敢于向大众发起挑战，尽管她一个观众也没有。对蒂姆来说，即使没有人观看，他也感受到了周围大众的压力，这迫使他不允许自己弄错房间的物体名称。

我们希望读到这里的你，能再次尝试一下这个练习并有意识地做一些与众不同的事情。有了这样的想法，即使命名错误，你也会很开心，也会从中获得创造力带来的舒适感。当你将要说出一些富有创意的建议或对这些富有创意的事付诸行动的时候，记下自己此时此刻的反应。然后，就像阿萨那样，把谨慎抛掷脑后，大胆去尝试吧。我们保证，你将会忘记时间，沉醉于此，也不会让世界越来越糟。一切都会好的。拿出你的创造力，从你自己开始，向大众发起挑战。

在接下来的第二章，我们将探讨个人的创造力，探讨其为什么对达成目标和创造意义很重要，以及其为何能满足人类生存和发展繁荣之需。在你阅读这一章之前，停下脚步，想象一下：你的世界没有创造力，无论是你自己产生的创造力，还是你在日常生活中欣赏的创造力。如果此时此刻你看到的是一个黑色的空白，那么请继续阅读，理解用创造力填补空白在我们的生活中是多么重要。

📋 **日志练习：你的创造力灵感**

我的灵感：

1. 他们是如何展示创造力的？

他们的创造力是否涉及我们定义的这些部分：感知理解、富于创造、眼光独到、标新立异、顿悟。

创意涂鸦

2. 为什么他们能引起你的共鸣？

创意涂鸦

3. 如何展示创造力？或当你有了创造力，它对你产生了什么影响？

创意涂鸦

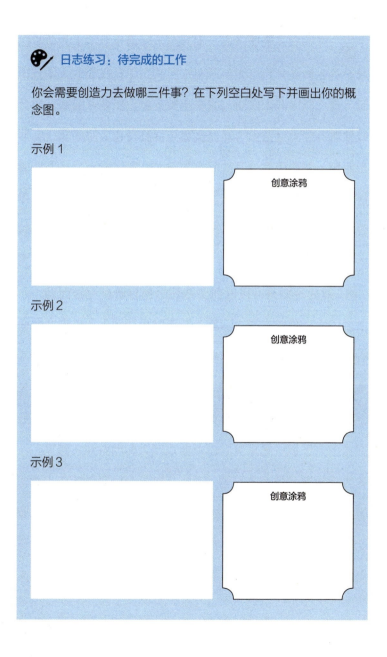

日志练习：待完成的工作

你会需要创造力去做哪三件事？在下列空白处写下并画出你的概念图。

示例 1

创意涂鸦

示例 2

创意涂鸦

示例 3

创意涂鸦

第二章
创造力为何重要
CHAPTER 2

　　让我们先问这样一个问题："我们真的要解释这件事吗？我们一定要解释创造力为何重要吗？"

　　答案是肯定的！我们人类难免会陷入困境、停滞不前。我们因天性如此，所以总是用自己一贯的方式去看待或处理事情。我们总会自觉地、下意识地寻找熟悉的模式。这就是我们的生存方式。我们人类的大脑存在一种自动的组织系统，即识别物体和情境、寻找模式。这样我们就能迅速专注于其他事情，比如学习一门新语言、掌握一项独特的技能或解决一个复杂的问题。

◎ "抛弃偏见，解放思想，他人也会渐渐效仿"—— 风尚合唱团

这里有一则"内幕消息"。模式识别与创造力之间是相互联系的。我们天生就具备创造的能力并且极具创造力，这并非是在探索潜在的勇气后才拥有的。关键是要能识别出模式，然后让自己有足够的好奇心去发现看似不相干的事情、话题或经历之间的联系。就是这么简单！保持好奇就足够了！

本着让事情简单的精神，我们先了解一下原始人卡尔的故事。对卡尔来说，这本是平常的一天：他在地下的一些岩石缝隙间发现了一小块菜根，因此他开始清理岩石，寻找食物的源头。他开始搬石头，重复同样的动作，搬开每一块石头，就将石头堆到一起。在把石头扔到石堆上时，卡尔听到了"砰"的一声。而今天，卡尔注意到了一些事。他扔石头时，看到一道闪光，接着听到了"砰"的一声。他看到一团雾，闻到了一种从未闻过的气味。此时，卡尔面临着一个选择——继续扔石头，听着"砰"的一声，然后像往常一样度过接下来的几个小时，或者停下来了解两块特定的石头彼此击中后会发生什么。假如卡尔选择了后者，我们就有理由相

信他发现了火。现在，认真思考一下：卡尔如果没有选择去探索他在日常生活中经历的事情，去质疑他已经习惯了的模式，我们可能仍然生活在旧石器时代。

◎ "想象"——约翰·列侬

在如今变幻莫测、茫然无措和模棱两可的时代下，生活、工作、生存意味着不只有那些大家认为的顶尖人才需要创造力，它也不可能是一次性的行为。将创造性的习惯融入我们的日常思维和生活方式中至关重要。好消息是，创造力是一种自然的、可再生的资源。它也是一种需要培养的能力，但如果不是目的明确地进行培养，创造力也不可能增强。

想象一下：在一个组织中，不管从事什么岗位或身居何位，每个人都被看作是天生具有创造力的人，并受到尊重。公司里到处都是自我感觉有价值、有成就感、有参与感的人。人们会接受各种各样的思想和包罗万象的想法，成为高效团队的一员，一起工作，彼此探讨想法，实现甚至是超越来自自身和组织的期望。一些短语虽然已成为流行语，而且对某些人来说，只是墙上的标语或网站上的文字。但这正是我们组织想要的，不是吗？而且，如果我们足够诚实，这正是一种我们都想融入的环境：一种相信自我、培养真正归属感的环境。归属感给我们带来了自由，让我们成为我们想成为的人的自由，不用担心真实表现的后果的自由。保持好奇心，发现新问题，产生新想法，挑战人群和现状，创造能唤起灵感时刻的体验、产品和服务！

那么，真正的归属感是什么样子的，哪怕只是短暂的片刻？让我们回到 1985 年 7 月 15 日，时间是晚上 7 点，地点是英国的温布利球场。那里举办着一场名为"拯救生命"的演唱会，主角是皇后乐队。这天，佛莱迪·摩克瑞带领 7.2 万名观众演唱了一段《黎明到来》（Day 0），同时掀起了演出的高潮。人们举起双臂，齐声歌唱，歌声回荡整个场馆和全世界。没有人会担心跑调或走调，没人知道这首歌唱到哪里，也没人知道接下来会发生什么。这并不重要——佛莱迪正在创作，7 万多名观众和他一起共同创作。他们十分入迷地沉浸在这一刻，他们不知道自己创造的体验将成为一座里程碑，并得到社会学家、心理学家和音乐历史学家的重新审视。现在，这次活动成为展示创造力如何带来归属感的灵感源泉。这种归属感环绕着温布利球场，吸引着来自 150 个国家和地区的 19 亿人来到这里，一起分享了这种体验。

◎ "我心中有音乐"——琪琪·迪乐队

这个乐队用音乐为人们创造了一个安全的空间，让他们坦率表达、共同创造、用和谐的方式表达自己的观点，这在历史上产生了持久的影响。音乐是一种创造性的表达方式，它吸引着大众并将他们凝聚在一起，每个人都可以获得独特体验。然而，它也展现了一种集体归属感。在某些情况下，比如皇后乐队和"拯救生命"演唱会，会给人带来一种令人愉悦的归属感。

闭上眼睛，回想一下 2020 年夏天意大利的阳台音乐会。街上的行人顿足不前。他们停下忙碌的脚步来享受这一刻，沉浸其中来见证一个人的创造精神。是的，这个人可能对某种特定的乐器有着不可思议的天赋。然而，更重要的是，这位音乐家意识到需要创造一种让人们"自由"的体验，让人们从全球新型冠状病毒感染的压力中解放出来，哪怕是片刻。

　　音乐有时无法解释和不可避免地能为所有人所接受。马文·盖伊和塔米·特雷尔演唱的《爱比山高》(*Ain't No Mountain High Enough*)振奋了人们的精神，成为力量的源泉和指引光明未来的灯塔。1938年，塞缪尔·巴伯首次演出《弦乐柔板》(*Adagio for Strings*)，这是一部短小精悍的作品，富有亲和力和同情心。它能引发人们的情绪，唤醒人类最核心的情感。音乐是时间旅行的通道。在听到钢琴滚动的11秒内，我们就站起来，准备随着阿巴合唱团的《舞蹈皇后》(*Dancing Queen*)舞动，尽情摇摆，自由发挥，挥洒青春，无拘无束，享受当下。我们身处两地，心处往昔，身处当下。

　　音乐是创造力的一个例子，很多人认为只有少数人能接触到音乐。然而，事实并非如此。肖恩·福布斯演唱的歌曲《我是聋人》(*I'm Deaf*)，其中的歌词和嘻哈节拍就是一座教育桥梁，它改变了有声世界的人们对聋人无法享受音乐的偏见。肖恩的歌曲和人生观为聋人或有听力障碍的群体提供了创造性的灵感。他们尝试表达自己，向那些认为某些事情是不可能的人发出挑战，因为他们听的方式与别人不同。就我个人的经验而言，我发现那些失聪的人比那些拥有"正常听力"的人听得更好，因为他们有感知身体和感受身体的能力以及真正倾听的能力。

每个人都能接触到音乐。一些人能听到音乐的旋律、用脚打拍子，其他人则能感受到自己胸腔和心脏的跳动。有些人选择跳形意舞，有些人则选择坐着沉浸其中。个人和集体对音乐的反应是创造力的一种表现形式，因为它唤醒了内心深处的某种东西。但是我们很多人并没有意识到自己是有创造力的！我们正在创造！即使意识到了，我们也更愿意把功劳归于别人。

◎ "神来之笔" ——乔布斯

现在的问题是："为何创造力显得至关重要？"抑或"我们要怎样挖掘并发挥与生俱来的创造力？"答案是转变思维模式。试想一下：假设我们有发现创造力的能力，能够相互传授并进行培养，会怎样呢？假设工作过程和使用工具常常反复进行，我们也因此获得新的看待世界的方式，会怎样呢？假设创造力就是用纯真的好奇心来解决问题，会怎样呢？又假设，创造力是一个空间——一个开放包容的、属于个人精神和情感的空间，人们在这里可以理解自身创造力，

并且明白它如何服务于组织策略、企业的日常运作，甚至是人们日常生活问题的处理，会怎样呢？最后，假设解决问题、提出新的解决方案以及创新，这些都是关于如何运用不同的看待事物的模式，会怎样呢？

美国苹果公司创始人史蒂夫·乔布斯曾这样说过："创造力就是把事物联系起来。当你问有创造力的人他们是如何做成某件事的时候，他们会感到有点内疚，因为他们并没有真的做过，他们只是看到了一些东西。过了一段时间，他们就明白了。"在这段话中，伟大之处在于最后3个词——"after a while"（过了一段时间）。对每个人而言，创造力就像是一种自然资源，它可能会被时间隐藏、被光阴埋没。所以，其效力往往需要一段时间，才能周而复始，显现真貌，就像"神来之笔"那样恢复效力。同样重要的是，我们要明白：每个人都富有创意——发挥创造力也并不是唯一方法。

发散思维、融合各种想法，这便是创造力。迫在眉睫的截止日期，步履维艰的赶超之路，还有十万火急的财政业绩，这些死死地压住人们，让他们没有时间和空间。这些使他们无法探索新的思想、新的想法，无法寻找灵感，更别说将那些不相关的想法或事物进行拼凑以获得新的视角了。这样一来，事情就会一成不变、停滞不前，尽管公司股东仍在寻求新颖的观点与想法。许多组织都认为，创造是相对少数人而言的，因为受过训练的也是少数人。这一群体通常就职于创新实验室、平面设计或市场营销部门，他们在发展与赚钱上也基本依靠创造力。但与此同时，公司也期望员工能创造性地解决问题。可是，员工的薪资并不取决于他们的创造力。因此，他们也不会有相应的培训机会去教他们发挥创造力来解决问题。这种思维模式，中规中矩，却又变幻莫测，让人忍俊不禁。人人都有创造力，这是所有人都希望的一件事。但是，并不是所有人都有时间让这件事成为事实，因为我们要经营的是一家公司。可是，如果组织中每个人都天生具备创造力呢？

◎ "闪亮之星"——地风火乐队

从事专业人才发展管理，我们会拥有独特的机会。首先，我们将每位员工都看作一个人类个体（至少我们希望你是这样的，否则我们的交谈将会完全不同于此）。我们有责任建立一个生态系统，让独特的创造能力在此得到认可和颂

扬。建立该系统仅仅始于一个选择。现在,我们就告诉你,你可以选择如何表现自己、如何成为一个行为榜样,从而让人们受到启发,真正开始创造。

而要成为一个行为榜样,我们首先要做的是看看富有创意的超能力是如何表现出来的。我们可以看看下面这个场景:在公司指派下,你担任了某一项目的领导人员。在接下来的两个月内,你需要构建出一个新的绩效管理框架,并开始实施。你指定的跨职能和全球项目团队成员有马特奥、罗宾、克丽丝以及葆拉。你自言自语道:"哇!两个月启动并完成这个项目。时间很短,但我们可以做到。我们必须充分发挥彼此的优势,制订一个可靠的项目计划。"完成这些工作后,你召集大家进行了一场项目启动会议,在该会议的认识阶段,你会对团队成员有以下了解:

- 马特奥:研发部门成员之一,工程师。此人问了很多问题。显而易见,对于他而言,充分了解项目实施范围与预期是实施项目必不可少的环节。对此,整个团队也很赞同他分析事物根源的经验、解释数据的能力,同时也清楚他对于决策的影响力。

- 罗宾:这位女士最近投资了两家在线创业公司。她推销自己是一名连续创业家，热爱头脑风暴并提出大胆的想法。她对能优化目前的绩效管理项目感到兴奋，并表示会支持全球沟通功能中的变革管理工作。

- 克丽丝：就职于人力资源部门，负责人才发展管理系统。此外，她的副业是专业组织者，她要花费大量的精力高效地建立事物之间的联系。她告诉团队，她曾在朋友没有要求的情况下主动帮他们整理冰箱。

- 葆拉：她认为自己担任的是调节者的角色。尽管葆拉身在人力资源部门，但她却想着离开该部门。8年来，她待过各个部门，担任过多种职位。在她看来，人力资源部门效率太低。而现在，她能在业务中发现问题、制订解决方案，然后迅速实施，这让她十分满意。自己能迅速取得成果，是件相当值得自豪的事。

由此可见，一方面你拥有了一个梦之队，队员们具备不同的知识、掌握不同的技能、拥有各种经验，并可以提出不同的观点。另一方面，团队离不开你的管理、你的指导甚至你的关爱。你早已知晓队员们获取能量的渠道，发光发热的缘由。于是，你开始审视项目各个阶段，思索每个人在其中所需要的最佳职位、轻松快乐的场所、创意流程或者你想到的什么都可以。直觉也告诉你，让整个团队在项目过程中高效运作，或许会是一个挑战。由于各自的创造性流程、团队动力，以及最终的项目预算和期限，最后每个人都会发现项目的特定部分比其他部分更有吸引力。

现在不妨问自己一些"假设性"问题："如果……会怎样？"如果我们创建一个项目团队章程，这样大家都有机会说出他们想如何在这个项目中展示自己，那么会怎样呢？如果我们是一个项目团队，并以一种其他团队从未有过的方式取得出色的成绩，那么会怎样呢？如果我们失败了，那么会怎样呢？如果我们挑战自我，去探索那些阻碍我们的思维模式，那么会怎样呢？如果我们创建一个绩效管理程序，让大家的独特才能得到全面认可，那么又会怎样呢？

◎ "现在，我们无人能敌"——麦克法登 & 怀特海德

单从以上几个"假设性"的问题，你就已经开始有意识地打破常年不变的思维模式了。这样一来你的某种创造性思维肌肉也得到了锻炼。而且，最酷的是你不必注册健身房的

会员。新习惯的养成离不开我们有目的地融入日常活动或工作流程，此话你应该早有耳闻。那么现在的关键便是：要留出时间、创造空间、创新仪式来培养新技能，然后反复练习或使用。

就像医生看病那样，解决创造性问题的关键在于模式识别。医生观察病症，并将其综合起来，再根据医学院和专业实习所教的知识，找出突破点，对症下药。医生识别模式，就是将点连接起来，从而做出诊断，提出治疗建议。

同样，这也适用于我们如何看待挑战或难题。和医生一样，我们看待问题、解决问题也需要依靠我们所学的知识、所掌握的技能和经验。只不过这其中的挑战是我们中的许多人并不是训练有素的医生，人们希望我们做的也不是看病治疗。人们期望的是我们能解决一些复杂问题，这些问题犹如600磅①重、30英尺②宽、8英尺长的章鱼那般！

我们明白，本书读者来自不同行业、处于不同人生阶段、你们工作经历不同、看待事物的眼光也各不相同。对此，我们表示尊重。我们之所以保持现有观点的相关性、实

① 1磅约等于0.45千克。——编者注
② 1英尺约等于0.3米。——编者注

用性与启发性，是为了遇见现在身居要职的你，也是为了等待努力走向终点的你。来吧！和我们一起，相信这个过程，走出舒适区，保持开放与敏感（这也是创造过程的一部分）、足够的好奇心，看看接下来会发生什么。

那么现在，请你花 1 分钟时间完成本章最后的"假设"练习。您可以将从中学到的知识立即应用到您的团队工作中。

◎ 人类不是运作机器

请注意，本章我们使用的标签是"人"以及"人类"，而不是"员工"。如果你通过本书有所启发，那么请记住：纯粹的创造力是人类与生俱来的特征。只有人类，才有能力收集知识，汇聚智慧，从而获得见解，然后构思、创造。碰巧的是，人类也可以聘用。但重要的是，永远不要忘记：员工是有创造能力的人，有能力对底线产生积极影响。最重要的是，他们能改变世界。

一旦将"假设性"问题加入你的思维模式和谈话中，你就已经做好了准备：准备如何改变世界——不止你的世界，还有他人的世界。在接下来的第三章，我们将继续秉承诚实的态度，对阻碍创造力的因素进行研究，并提供一些策略，方便你感知这些障碍，从而做出应对。

日志练习：假设……

1.简单描述一下当前你认为存在的挑战或难题。

2.现在，通过"假设"将挑战或难题重新定义为机遇。

3.对于同样的机遇，再写 3 个"假设"句子。

（1）

（2）

（3）

日志练习：假设……（续）

4. 把之前的挑战或难题看成是机遇，你是什么感觉？

5. 在接下来的 24 小时内，你将如何把"假设……"融入你的思维过程和对话交流中？

第三章
创造力的障碍
CHAPTER 3

电影《改编剧本》（*Adaptation*）由演员尼古拉斯·凯奇担任男主角，饰演剧中编剧查理·考夫曼。其中有这样一幕：主人公查理目光投向身前的打字机，双眼牢牢地盯着架上的一张白纸，眼神里透露出一丝恐慌与厌恶。剧本截稿日期迫在眉睫，为了赶在日期之前完成剧本，此时的他正奋力找寻着写作灵感。对于查理目前正经历着的，没有一个作家不感同身受。这段过程也不再被称为作家的绊脚石，而被比作"香蕉坚果松饼问题"——这是他们的创造力受到的阻碍。我们可以从下面查理的内心独白了解他的真实想法：

开始……开始……该如何开始？唉，还是先填饱肚

041

子吧！咖啡有助于我思考。或许我应该先写点东西，然后再来杯咖啡犒劳自己。咖啡配松饼。不错！那么现在我需要让剧本有个主题。或许，咖啡配一个香蕉和一把坚果。这个松饼不错！

本章我们将讨论如何积极面对创造力之路的阻碍。本章将从 3 个方面进行讨论：团队、组织和个人。首先，我们来看看那些发生在诸多组织中，与创造力有关的、包罗万象的谬误。

◎ 关于创造力的谬误

在前言部分，我们介绍了阿萨和蒂姆在"命名游戏"中的创意练习。练习过程中，阿萨表现出色，而蒂姆则较为吃力。而在生活中，大多数人认为自己更像蒂姆。尽管我们对两人的背景和门萨智商测试的分数一无所知，但我们清楚阿萨并非一个天生的创造力天才，蒂姆也并非生来就是个创造力笨蛋。蒂姆有其他方面的优势。虽然在创造力方面举步维艰，但蒂姆却精于分析，甚至可以称为分析专家。阿萨在锻炼中增强了自己的创造力，她有意识地学着跳出原有的固定思维，不用在乎事情的标准答案。渐渐地，阿萨学会了荒谬性地创造。不论评价如何、答案正确与否、是否有价值有意义，这些她都不放在心上。她学会了摆脱这些束缚，着眼当下。她知道，在公司的大多数创造性工作中，创造力和判断力都有自己的用武之地。

通过参加"命名游戏"这样的练习，我们能够获得反思：到底是什么在阻碍着我们？阻碍我们发挥创造力的谬误可能包括：

- 创造力来自自然。大自然意味着先天拥有，培养才意味着后天学习。

- 艺术领域的人才有创造力。

- 创造力好似空中楼阁。

- 公司不需要艺术品，它们需要的是有效的产品和服务。

- 创造力和界限是对立的。

- 创造力好似一缕白烟，不可名状，神秘莫测。创造力不知其源，因此，难以反复。

- 企业要的不是我们有创造力，而是希望我们墨守成规。

- 你可以聘请一些专业人士来满足公司的所有创意需求。

- 创造力随光阴而逝。一旦长大成人，我们的创造力就不知所踪了。
- 只有在毫无时间限制的情况下，创造力才有施展拳脚的机会。

在阿萨参与"命名游戏"练习之前，她知道我们将和蒂姆一同学习如何提高我们的创意技能和自我认同。我们每个人都有创造力，随着时间的推移，我们可以掌握并培养创造力。

◎ 克服来自团队的障碍：创造力的通行证

为此，我们经常举办一些开放招生创新研讨会，参会人员来自不同的公司。研讨会上，为确保团队形式多样，同时兼具影响力。我们会首先根据各自的创造性优势将他们组合在一起。在创新工作的开始阶段，我们发现很多团队成员都十分保守，没有提出有创意的想法。当然，这并非是因为他们缺乏技能或没有动力，可能是因为他们的工作从未要求他们具有创造力。因此在团队中提出创意，确实会让人有点不习惯。为此，我们努力创造安全的空间，并制定一些基本规则，包括不作评价地创造。通过把创造性行为作为榜样，我们希望参与者能够明白：提出新想法不是什么坏事。

另外，在第一次创造性练习中，我们通常会增加一个额外步骤，即让参与者自己进行构思，我们称之为"允许创新"。举个例子，就好比我们正在构思一次与咖啡体验有关的常规方案。第一轮创意理念过后，我们会评估参与者对提出创意的适应程度。要是他们像大多数新团队成员一样，踌躇不前，我们就会鼓励道："现在，在下一轮中，我们想要你们提出最匪夷所思、最不可理喻的想法。并且，对荒唐至极的想法我们会给予一个好玩的奖励。"通常，这句话足以让他们克服激发创造力时心底的紧张。提到组织，大家都会作此言论：我们在创造时，只有得到组织的允许，我们才敢于创造。通过尝试与犯错，我们在无数次反复的试错与失败中学会了墨守成规，不要太有创造力，以免被认为不够脚踏实地。

生活中，我们真正要解决的挑战来自整个团队压力，是顶住压力去创造。孩童时代，独树一帜的创造性可能会受到欺压或排斥。工作以后，对不合群或遭人嘲笑的深深恐惧让许多成年人选择随波逐流，即使他们意识到某些创造力对工作有益。我们停止思考，将创造力置于睡眠模式，以避免评判。事实上，标新立异不等于表现粗鲁或不积极参与团队活动。相反，在一个缺乏创造力的团队中，我们只需要发挥一些个人意愿就可以开始运用创造力。在本章中，我们将着眼于如何使自己成为一名创造性的团队成员。在第九章中，我们将探讨如何成为一个有创造力的团队领导者或助推者。

大多数团队缺乏创意的空间，他们忙于工作，而且往往时间紧迫。即使是拥有创造力的团队，比如创新团队，也需要有创造力和专注力，以避免陷入安逸的现状。在这样的组织生活中，日常生活充满了压力，因此只发送邮件看上去似乎比寻找新的方式或空间更容易些。在此，关于如何促进团队带来更多创意，我们提供了以下几点想法：

与团队领导或赞助商会面。如果你是团队成员之一，即使你已在该团队工作了一段时间，也要计划与团队领导进行一次讨论。了解他们目前筹划的内容，委婉地谈及对创造的容忍度，讨论那些你将注入创造力的领域。

明确团队章程与战略关系。花点时间重新审视团队章程。如果没有团队章程，那就召开会议或咨询领导者创造你认为的团队章程。此外，你还得花些时间去了解你的团队与企业策略之间的关系。这样一来，你会很清楚要获得更有创造性的成果需要付出多大的努力。

做实验。引入创造性实验来帮助团队完成目标。发挥创造力的最好方法之一是申请允许实验的资格，尤其是在一个缺乏创造力或薄弱的环境中。这项实验可能包括使用创造性工具，通过创意练习释放思维，并在不相关领域中找到一些素材，从而帮助团队发现发挥创造力的机会。如果申请进行迅速实验，那么团队就会知道，哪怕实验失败，将发生的事情也只是假设而已。如此一来，他们也会更容易接受。实验几乎没有任何坏处，一旦你成功引入了一丁点儿创意，那么更多的创意就会接踵而至，这个过程就像给水泵打气，如此源源不断。

担任行为模范。为团队注入创造力的另一种方式是为其他成员树立榜样。当出现问题或有训练时，你可以运用自己的创意技能发掘新机会。如果有人尝试一些创造性的东西，对他们的努力要伸出援手，并给予积极反馈。

吸收其他创意成员。综合分析你的团队，找出一些有创意的人，与他们建立合作。你们可以相互扶持，也可以成立小分队，为大团队注入创造力。

团队是发挥创造力的一种极好的环境。领导者如果创造了合适的环境，这一点更是毋庸置疑。但这不仅仅关乎领导者，团队成员也可以发挥自己的创造力，以造福团队。作为团队成员，你可以做的远远高于你能做的。未来当你加入团队时，我们会给你一个挑战。我们希望你在自己的创造力日记中翻开新的一页时，用大写字母写下下面这句话：

团队因我更有创造力！

如果你把这个挑战放在心上，就会感觉到一种责任感，即要帮助你的团队利用创造力来解决组织的问题。提高团队的创造性指数，并不需要你成为团队领导者或赞助商。在第六章，我们将帮助你创造或磨炼你的创造过程。在不断地重复和练习下，你的创造力信心也会高涨，你也将会有各式各样的方法来帮助遇到的每一个团队。

我们已经分享了一份清单，列出了作为团队成员，你可以采取哪些措施来提高团队创造力。现在，完成下面的"我最具创造力的团队经历"练习，想想你在团队中创造性地工作的一次经历。

现在让我们聚焦组织层面，看看其产生的预期和非预期结果。

◎ 克服来自组织的障碍：请把创造力留在家里

很幸运的是，我们都为许多伟大的公司工作过。我们周游世界，也从事了一些创造型和创新型项目。在这些旅途之中，我们遇到了很多了不起的人物，还获得了美妙的体验——将新产品与新服务带到世界。从诸多创造性努力的过程中，我们反思到了最深刻的道理。所以，潜在的创造力一下子就从最低处飞升到了顶端——这是一个未曾开发的创造力储备地，但组织往往无法将其释放出来。

我们很快意识到，许多人在大公司中无法发挥他们的创造力。正如南希的同事哈里·戴维斯教授所观察到的那样：

> 许多人开车去上班，但把部分的"自我"留在了后备厢里。
>
> 他们将完整的"本我"抛之脑后，努力适应他们所认为的公司模式。

创意团队

我们发现在创造力方面，这点尤为明显。我们的许多同事在办公室之外都有着非凡的创造力追求，但他们却不愿意在工作中展现自己的创造力。

在惠而浦，我们决定探究把完整的"本我"留在车里的问题。首先，我们成立了一个名为"创意"的亲和团队，这个团队有 100 多个人，他们自发组织起来，让自己变得更有创造力。最开始，我们举办了一场见面会。唯一一项日程安排就是认识其他创造性人才。我们将这类社交活动称为"品脱与铅笔"。克里斯·格雷戈里是创始成员之一。谈到第一次接触惠而浦创意团队，他是这样描述的，创意团队"不一定要共同工作，但它能让你坐在桌子旁，意识到团队就是各种技能的交叉融合。最初我并不清楚它的意义所在，但我还是加入了。我觉得我以前在任何一家公司都未曾见过这种情况"。这是他一直受惠而浦吸引的一个重要原因。创意团队为人们提供了一个渠道，让他们把自己的创意精神带到工作中，而不是留在汽车后备厢。

随着时间的流逝，创意团队成为大家熟知的创造力热点。创新团队需要为他们的想法筹划新点子时，他们就会邀请一些创意团队的成员加入。筹建新的总公司时，设施组会请创意团队的小分队来帮助他们规划公司部门。令人振奋人心的是，为展示作品，创意人员创建了一个网站。20世纪中叶的家具设计、爵士乐合奏、雕塑、工艺品、脱口秀等表演艺术只是其中的几个创意作品。创意团队还做了一些独特的事情：他们邀请了公司职员和当地社区的人加入，帮助这些新成员释放他们隐藏的创造力。创意团队也把他们的创意带到了社区，帮助非营利组织在产品中融入更多创意。

就其本身而言，"创意团队"并没有解决让大家全身心投入工作的问题，但我们认为，对于在组织内释放创造力来说，它发挥了作用。这体现了公司是如何激发个人的创造力的。

企业是如何设置壁垒的

大多数组织并非成立之初就具有创造力。组织构建致力于零差异、可预见性并专注于自己的目标与任务。在大多数组织中，创造力存在显性和隐性的障碍。人们很快就会意识到，把富有创造力的自己留在后备厢里是一个更好的选择。许多组织文化奖励同一性，惩罚创造性。20 世纪 90 年代末和 21 世纪初之际，互联网泡沫破裂后，许多公司就开始对创造力产生怀疑，甚至该词成了企业禁忌。我们曾合作过这样一家公司：在这里如果大家觉得你很有创造力，那么"过于感情用事"的标签就会贴在你的身上。这对于你的绩效考核来说，相当不利。毫无疑问，这家公司以一种直接且粗暴的方式压制了创造力。

通常，人力资源部门经理手里有一份能力清单，它是职工晋升的计分卡。看看公司内部对人才的描述，你可能会在名单上找到"创造性"。这个词本身并不会提高员工的积分。相反，这在公司通常表示该职工工作未完成。

把创造力当作搭档伙伴

创造力通常不是电影的主角，而是主角隔壁的朋友，其基本作用是帮助主人公实现愿望，挖掘他们真正的潜力。换句话说，在许多组织里面，创造力是搭档一样的角色。2013年，加里·萨斯曼在《滚石》（*Rolling Stone*）杂志上发表了《电影史上 21 位最伟大的伙伴》（*The 21 Greatest Sidekicks in*

The Movie History）一文。该文有这样一段内容：

> 在过去做一个配角要简单得多。毫无疑问，你必须
> 让主角扮演四分卫。但你还是要成为一个具有讽刺意味
> 的真相讲述者……只要你在关键时刻全力守护主角，忠
> 诚和勇敢就会给你带来荣耀与称赞。以上都是现代配角
> 之父桑丘·潘沙所制定的关于配角的基本原则。

对于大多数组织而言，创造力是一个关键绩效指标
（KPI）。当然，也有例外。像从事艺术、提供娱乐或策划食
品体验的这类组织并不如此。但是，在大多数组织中，创
造力就像一名催化师，一名与其他价值创造功能（如设计、
创新或营销）配对的扩展师。我们要如何将创造力从这些
普遍之处转移出来呢？要如何将其作为搭档嵌入组织的每
一个部分呢？打个比方，就像有才能的领导如何使创造力
成为助手，为他们的组织创造很多与众不同和有价值的结
果呢？

克服来自组织的障碍

你可以采取许多行动来帮助你的公司发展创造力。你采取的措施取决于公司独特的战略、文化和制度。下面，我们列出了一些通用想法，帮助你开启自己的创造力。你也可以用这些想法来满足组织的创造力需求。

- 学会如何帮助他人更具创造力。

- 筹建富有创意且安全的空间（更多参见第七章和第八章）。

- 成为能够识别、认可创造力的人。

- 吸引创意人才，创造一个他们相互交流的环境。

- 树立创造力榜样。

- 激励和奖励创造力。

- 在每个项目、计划、研讨会或行动中培养创造力。

- 创建创造力沙池，并且发出邀请"在这些范围内，我们需要你的创造力"。

- 了解组织中所存在的创造力障碍，并与其他人一起克服它们。

- 选一套实用有效的创造力工具，并用于整个组织过程中。

- 减少对创造力情绪化与创造力导致企业失败的污名化。
- 让创造力成为创新和开发过程的伙伴。

其中，最重要的是要学会识别哪些是组织障碍、哪些是团队障碍、哪些是个人障碍。有时，我们会认为：倘若创造力能被扼杀，那么便意味着这是个人的缺点。我们觉得自己团队的领导不够努力，但往往是组织障碍阻止了我们。如果你将看待创造力的目光提到一定的高度，那么你可能会在组织内找到阻碍自己完成工作或激发其他成员释放创造力的共同障碍。接下来，请使用第 69 页中的"释放组织中的创造力"练习，来识别这些来自组织的阻碍创造力的障碍。

每个组织的创造力都会遇到障碍。如果我们等着别人来处理，这些障碍可能永远都不会得到解决。此外，我们在组织中常常尝试变得创意满满，但如果尝试没有成功，我们就会认为原因在于我们不够具备这种能力。倘使你看到一个自己可以扮演的角色，帮助你所在组织提高其创造性指数，那么你要学会去识别、去区分来自组织以及源自自己内心深处的创造力障碍。你的努力不一定是要改变整个企业，你可以从所在的部门开始，采取大大小小的、各种各样有助于提高创造力的行动。

◎ 来自个人：障碍是我们本身

南希第一年到杰夫公司工作时，她一直担心每次杰夫做季度业绩评估的最后一句话会是："所以，我们要解聘你。"但值得庆幸的是，这种情况从未发生过。

随着时间的流逝，南希觉得能和杰夫这样性格包容、有才干的人一起工作，是件相当幸运的事。慢慢地，二人相处变得越来越融洽。这时，他们想出了一种对于彼此都行之有效的应答妙语。杰夫会给南希一个全新的、复杂的、覆盖全企业的任务。而南希会因此反复思考，随后得出一个宏大而又富有创意的、新奇的想法。虽然杰夫很青睐她的这种创作风格，但从操作的角度来说，她的想法往往较为片面。但善良的杰夫从不否认南希。他承认并赞赏过：南希是唯一有资格率先提出从未尝试过的创意的人。杰夫甚至和她开玩笑，任命她为"不—不对—不是这回事"副总裁。

杰夫没有磨灭她宏伟的想法，相反在其权力范围内，助其一臂之力，任命她为首席财务和运营执行官。对于南希的想法，他能够予以采纳，并使之切实可行，同时又不失其创造性的热情。在惠而浦，他们一起创造出一些"改变游戏规则"的举措。

回忆起和杰夫在一起的那段时间和经历，南希这样说道：

> 我常常想，如果没有这个有趣的头衔，我可能不太愿意向杰夫透露我的创意想法。这激发了我的创造力。这种经历有趣极了，也赋予了我创造力。我清楚他不会对我进行评判，相反，他会充分发挥我们两个人的聪明才智，创造出兼具创造性和实用性的东西。就这样，我们一起工作了 11 年。这是我最珍视和最有创造力的工作关系之一。

上面这个关于南希担任"不—不对—不是这回事"副总裁的故事，为我们打开了一扇窗，在此让我们看到了我们个人在创造力上的阻碍。南希承认说：如果杰夫没有给她分享这个笑话，她可能不会愿意给他带来有创意的想法。

所以，现在我们来到了最后一个障碍，也是最私人的障碍：我们每个人都可能是自己创造力的最大障碍。还记得那幅著名漫画中的观点，"我们见过敌人，他就是我们自己"
吗？让我们先寻找阻碍个人创造力的敌人，然后再探讨可以
采取的策略，克服那些我们为自己设置的已知或未知的障碍。

"敌人"清单

我们的创造力除了受到谬误的阻碍，还受到创造力敌人
的阻碍。我们前面提到的谬误是关于创造力的毫无根据的想
法，但是个人创造力的敌人是真实存在的。以下是几个值得
关注的敌人。

筋疲力尽。人在筋疲力尽的时候很难发挥创造力，而我
们大多数人总会疲惫不堪。我们需要创造力的时候，往往不
是我们休息得最好、头脑最清醒的时候。

追求完美。有了完美的想法再去实施，这样会扼杀创造
力。例如，新作家经常会发现，没有完美的构思，他们就无
法写作。如果不能写出完美的东西，他们通常会和《改编剧
本》的主角一样，拖延时间，梦想着吃"香蕉坚果松饼"。
这就成了一个恶性循环：看，我告诉过你我没有创造力，看
看那张空白的纸就知道了。

攀比之心。我们花很多时间拿自己和别人做比较。一

旦我们这样做了，总会发现自己差一点。你可能会这样说：
"我不像阿萨那么有创造力。"事实上，这种消极的说法甚至
会让你放弃尝试。

自我揣测。一个创造性的想法冒出后，我们常常会在这
个想法付诸实践和成形之前进行自我修正。有时候，我们对
这个创意改动过大，以至于失去了原有的创意性。

截止日期。我们有时认为截止日期会降低我们的创造
力。它给我们施加了太多压力。截止日期对于创造力来说是
一把双刃剑。你如果好好利用截止日期，它可能会激发你的
创造力。否则，它可能带给你过多压力。

没有边界。边界和截止日期一样，都是一把双刃剑。通
常，边界有助于创造力，即使它们看起来没有好处。绘画也
有自己的边界——画布。

过度关注。过度关注也是一件反直觉的事。有时候，我
们在为一个有创意的概念或想法而绞尽脑汁时，我们会专注
于问题。我们想得越多，创意就越少。这会让我们试着给创
造力强加一个"要么现在，要么永不"的最后通牒。

害怕大众。这可能是创造力的最大障碍。这种害怕表现
在两个方面——害怕遭受批判和害怕落单。我们内心深处害

怕被别人评判，这种恐惧很难克服。在创造力方面，害怕被人评判尤为明显，外部世界对我们的评判会阻止我们，妨碍把自己的想法表达出来。第二害怕的是落单，落单可能会让你觉得自己不合群或者受到抛弃。这也是一种根深蒂固的恐惧。人多才安全，因此落单会让你有可能做错，被大家抛弃或落后于人。在你看到身后没有其他人的时候，落单的感觉是很可怕的。

类似的敌人还有很多，数不尽数。尽管如此，我们也可以从上面列表中寻找解决这些问题的策略。在接下来的一节中，我们将概述一些关于如何训练自己克服创造力敌人的方法。

锻炼自己提高创造力

有创造力的人知道自己的创造力受何激发，他们能指导自己走向新的方向。现在，我们再回顾一下上一节中生成的创造力敌人列表。只是，这一次我们结合一些例子，告诉你如何战胜他们。

追求完美。伏尔泰曾说"完美是优秀的敌人"。我们可能希望事情太完美，以至于我们的头脑或内心永远无法释放创造力。对此，一种解决方法就是采用创造性规则：80% 就刚好足够。假设你能接受这一观点，并付诸实践，那么其他人很有可能会采纳你 85% 的建议。这就是创造力流行的奇妙之处，它是一个合成物。你如果不把自己有创意的想法说出来，你永远不会知道它将变成什么。你的创造力遇到氧气后，会合成一个全新的东西，以你从未想象过的方式回到你身边。

攀比之心。克服喜欢拿自己和别人做比较的一种方法，可能就是为自己创造一个创意泡沫。在这个泡沫里你可以产生多个想法，而不用去关注并和别人比较。另一个减少攀比的方法是专注于自己的独特性。我们每个人都可以在创造力上做出独特的贡献，这种贡献不同于他人。实际上，这种贡献也本该独一无二。每个人的创造力是独特的，它也因此才有价值。

自我揣测。我们的自我暗示会扼杀自己的创造性想法。别人会对此作何反应，我们总会自问自答，我们甚至用自己认为更容易接受的想法去反驳我们本来的想法。我们经常控制自己创造力的发挥，结果是创造力早已千疮百孔。最好的解决方法就是在它发生的时候意识到它。当你听到自己说"也许我应该试试这个更可能被接受的版本"时，不要扼杀自己的创造力。一旦你做到了这一点，你就能重拾你的创意，然后付诸实施。最后，你会发现这样并没有坏事发生。

截止日期。我们的锻炼方法必须建立在与截止日期的关系上。如果截止日期抑制了我们的创造力，那我们可以小小的自我欺骗一下。生活中谁不会自欺欺人呢？曾经，我们和一位无法应付截止日期的创意人员共同工作过，结果她将期限往前提了一周。她当然知道自己在做什么，但这给了她一个开始"认真对待"的机会。显然，自我欺骗对她起作用了。我们的另一位同事，他知道自己必须等到最后一刻才能发挥创造力，因为压力会给他动力。终于，我们和一个相信创造力梦境的人合作。倘若这群人用其他方法解决不了他们的创造力问题，他们就会在期限前的最后一周的每个晚上，专注于处理这个问题。带着这个问题去睡觉，让潜意识构建一个创造性的解决方案。所以，找到一个最适合你的方法，这样截止日期就不会抑制你的创造力。

没有边界。如果你要交付一个艰巨的创造力成果，设置界限会有些帮助。而世界上令人沮丧的事，没有什么能比得过被要求解决一个巨大的问题了。而且，一旦你着手解决，该问题的规模就会让你望而却步。设置界限的一种方法是了解自己创造性解决方案的限制，即缺少什么。我们的工作就是教人们如何在组织中创造和创新，教学过程包括行动学习。班里的学生得知要去当地的收容所工作时，他们很惊讶，大家面面相觑，一阵沉默过后，他们发出疑问："什么？你想让我们解决无家可归的问题？这不是报名的目的！"此时，我们会告诉他们，虽然他们无法解决无家可归的难题，但要相信这个过程，因为他们将学会如何把一个大问题缩小并使其切实可行。后来，我们通过探索新居民的入职过程，为我们的收容所工作设置了界限。

过度关注。这一行为是违反我们直觉的。如果你发现自己过度专注于想出一个有创意的想法，那就停下来。训练自己做一些其他的事来释放自己的潜意识。去散散步、洗个澡，你可以做任何事情，做些能让自己放松的事。当脑子里突然闪过创意时，你会感到惊讶。

害怕大众。记住那条关于缓解或克服公共演讲时紧张情绪的烂大街公理：想象观众是裸着的。我们不可能到现场指导你的自我训练，但我们希望你能够考虑核心的一点。这群人是谁？这些评判你的人是谁？解构这一人群，以此减轻他们对你的一些压力。另一个方法是改造大众。支持那些勇于创新、走出困境、奇思妙想的同事。向大家展示你如何通过把别人的想法和"是的，而且"变成一个新的复合性想法，从而来提升创造力。"是的，而且"来自即兴表演的世界。简单来说，当团队某个同事在舞台上说了一句台词，作为一个听众、作为演员的同伴，你要做的就是接受，然后进行补充。这样，你就不会阻止行动的开展。在公司里，说"是的，而且"，表示我接受你的想法，而且我会补充。或许，大家只是在等着你的改造而已。

筋疲力尽。我们把这个留到最后，是因为疲惫既是一种真实存在的感受，也是一个构建的现实。假如你是两个孩子的母亲，同时有一份全职工作，为家人做饭，打扫房子，补贴家用。无论如何，这都是必须要做的事情。但在你筋疲力尽之前，问自己一个问题：如果你在做的，是一个最有趣和自我回报最大的创意项目，你会很容易疲惫吗？想想那些废寝忘食的时候，你是多么有创造力。另一方面，你如果发现自己正在做一个枯燥无味、让人疲惫的创意项目，那就在项目中找点让自己恢复活力的事。比如添加一项学习元素，也可以用小创意进行实验，或者和一个非常有创造力的人一起工作。我们通常把这看作是创造性的一面。你可以继续做这个项目，但要找到能满足自己充满创造性好奇心的地方。通常，我们会回顾生活中最有创造力的经历，想搞清楚我们是如何实现的，以及是如何挤出时间去完成的。答案是，这些经历非常吸引人，所以我们节省了时间，并打心底里精力满满，因为我们知道结果将比我们想象的更丰富。重新构建现实，在你热爱的事物中寻找活力。

现在，轮到你了！完成下一页"我的创造力敌人清单"练习，来确定你的创造力敌人是什么，并克服它们。

◎ 一件事：创造力的反向效应

创造力的障碍有很多。这些障碍包括阻碍团队创造力的因素、公司是否扼杀了我们的创造力，以及最重要的障碍——我们自己。这些障碍中，任何一个都可能削弱或阻止我们创造力的发挥。但更多时候，这些敌人一起在打击我们的创造力。创造力是我们可以回报世界的礼物。而我们这样做的时候，这个礼物也会因为他人的创造力而变得更加复杂。每个人都独一无二，每个人的创造力都有价值。

这就是复合的工作原理。创造力存在一种反向效应：你一旦在这个世界上发挥创造力，它就会以超乎想象的方式重返你的身边。

我们希望你体验一下创造力的反向效应。当你向这个世界释放创造力的时候，请注意它是如何影响他人的，以及他人对此的反应。也许，正是你写的一首歌，帮助别人度过了一段异乎寻常的艰难时期。或者，你在某次会议上讲的一个故事，激励了某人，改变了他们的生活。再或者，你发明了一种方法，帮助人们节省时间，让大家有更多的时间和家人在一起。又或者，你创建了一个招聘程序，让长期未充分就业的求职者找到了一份更好的工作。留意创造力的反向效应。在你的创造力被其他的创意者复杂化的时候，在它以积极的方式影响人们后，在它给这个世界留下礼物之后，你的创造力就会重返你身边。这听上去也许并不会常常发生，但如果你幸运的话，当它真正回归的时候，你会为此感到惊讶和高兴。你会觉得与所有的敌人战斗是值得的，因为你的创造力会以爱的形式回归。

目前为止，我们已经花了相当充足的时间来研究障碍。现在让我们把问题从"出了什么问题？"转到"我们可以怎样？"在下一章节，我们将一起看看：为什么创造力在组织中很重要，特别是在人才开发团队中。我们正从个人创造力的反向效应移动到释放创造力的整个单位或组织的反向效应。在组织或单位层面上，创造力可以成为一个良性循环，让人们不断释放他们最好的自我。

日志练习：我最具创造力的团队经历

1.回想一下你以任何身份（员工、志愿者、个人）参加过的团队。从中选择一个你认为最有创意的经历。

创意涂鸦

2.描述你和其他人做了什么让它如此有创意。

你是否打破常规，进入新的领域？你是否用到了新想法或新技术？是否在团队中有过深刻的创造性体验，使团队更为团结？团队中是否有一位创造力的天才，帮助大家变得更有创造力？

创意涂鸦

3.描述一下你在这个团队中的感受。

回想一下你在团队最有创造力时的感受。记下你内心的想法和感受。

创意涂鸦

日志练习：释放组织中的创造力

1. 对组织中最主要的 3 个创造力障碍进行头脑风暴。

创意涂鸦

2. 从上面选择一个能吸引你的障碍。如果它与创造力相碰撞，会产生什么样的效果？

　　比如，如果障碍是缺乏足够的时间，那么创造性的洞察力可能是如何创造出更多的时间。交汇点是每个人在工作上都有自由支配的时间。想想如何吸引那些想要把自由支配时间用在创造力上的人。

创意涂鸦

3. 为了帮助自己在组织内释放出更多的创造力，你打算怎样提出这些解决方案？

　　你可以在自己的部门建立一个"品脱和铅笔"的亲和团队，或每月举办一次创意活动。解决方案将取决于组织的特点以及你个人愿意在其中投入多少时间和精力。

创意涂鸦

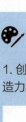 **日志练习：我的创造力敌人清单**

1. 创建你的敌人清单。进行头脑风暴，想想是什么阻碍了你的创造力的发挥。

创意涂鸦

2. 选择一个敌人。通过问"5 个为什么"，帮助你更深入地了解这个敌人。

（1）
（2）
（3）
（4）
（5）

创意涂鸦

3. 思考出相应的答案，设计一个具有指导意义的实验来帮助你战胜这个敌人。

创意涂鸦

第二部分
创造力与人才发展

PART 2

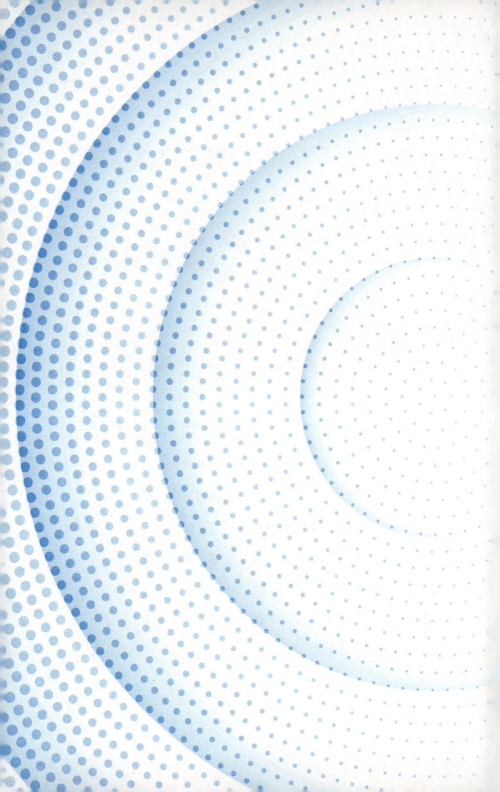

第四章
为什么创造力在人才发展中很重要
CHAPTER 4

> 把简单的事情复杂化，生活中已经司空见惯
> 了。而把复杂变成简单，极致的简单，这便是创
> 造力。
>
> ——查尔斯·明格斯

◎ 客户的面孔

在 2012 年，为更好地体现公司目前以及未来的消费者群体，唐娜准备建立一个种族和民族多元化的员工队伍。唐娜意识到数据强大的洞察力，因此，她详尽分析了过去 5 年里大学的核心群体招聘的多样化数字。很快，唐娜发现，目前人才库中的种族多样性数字是个位数。而在一些主要的大学，这一比例甚至低至 3%。她认为这就是一个"是的，而且"机会。你会记得，这是一种接受某个情况或他人分享内容的即兴技巧。唐娜发觉自己可以利用这种方法来创造积极的动力空间，激发动力，从而创造性地解决这个问题。因

此，她提出建议，希望继续在现有大学的基础上进行招聘工作（是的），与此同时撒下更大的网，集中与以有色人种学生群体为主的小型的大学以及学院建立关系（而且）。与这些大学交谈后，她与那些愿意一起探索新的未知领域的人一起思考，尝试在招聘过程中通过新颖的、多样化的方式来选拔潜在的求职者。唐娜在所有对话、演示以及与领导的交谈中，都会向他们分享这个"是的，而且"建议，告诉他们该建议是如何与组织的战略架构保持一致的，并将它牢牢扎根于组织的包容性和多样性的价值观中。

而唐娜要求很简单，就是通过撒网建立并培养新的、有意义的关系，用一种多年"尝试和观察"的方法，为未来创造一种种族更加多样化和与之相关的劳动力。唐娜要求对一种应对复杂挑战的新方法进行测试，但大学招聘人员和管理层对此却不太热衷。与一些特定的大学建立"关系"是最优的选择，因为长远看来，这些顶尖大学的组织结构的政策更愿意为组织培养最好的多样化的人才。尽管有数据表明，那些特定的大学也不是构建更加多元化劳动力队伍的合适的合作伙伴，但决策者还是认为，保持现状才是招聘工作的最佳方式。鉴于其他组织的优先级和可用资源，他们仍然愿意打破常规、标新立异，踏上未知的路途去建立一个真正多元化的员工队伍，这是极大的进步。

◎ 水中之物

> 众所周知，创造力是将我们已知的重新组合起来进而挖掘我们未知的。因此，为了实现创造性地思考，我们必须用全新的眼光审视我们通常习以为常的事情。
>
> ——乔治·内勒

《财富》（*Fortune*）杂志身居全球 250 强，我们曾为该杂志的一个组织工作超过 35 年，我们在此体验到了无处不在的复杂性：全球化、企业并购、组织愿景转变、全球经济衰退等。从这些年来看，如何通过人员、流程和系统的无缝集成来提高效率和节约成本一直是一个悬而未决的问题。

由于社会、经济和文化的属性，不同地方、区域和全球的环境本质上错综复杂，但这并不是主要的挑战。我们面临的挑战是，眼睁睁地看着足智多谋的地球人把简单问题复杂化。究其种种原因，或许源于内部政治、潜意识或个人偏见，也或许是领导能力欠缺，又或许他们只是把事情复杂化起来，以此来做到"慢决策"。通常情况下，人们并不会融入组织的宗旨、价值观，以及战略。

一个明确的、以目标为驱动的战略，必不可少。在组织价值观的支持下，目的和战略就像一颗北极星，引导人们克服复杂的环境，避免事情的复杂化。目标驱动的战略和组织价值观牢固可靠，但是，日常工作里的事物优先级会起伏不定。作为人类，我们会根据自己的已知（使用模式识别），咨询商业领袖，着眼未来，为这颗"北极星"绘制路线图。战略规划过程评估了已知的风险，并试图假设未知的风险，将这些风险降到最低。尽管如此，仍然有可能发生意想不到的事情。

2020年，新冠疫情的影响还未可知，对此我们都表示赞同。我们在全球、各个地区甚至是地方开展业务的方式将会受到这场大流行疾病的阻碍。拥有大型支持性基础设施的组织最初可能将他们的战略视为"北极星"，每年参考运用2～4次。可问题是，他们已经忘记了自己的目的。于是，战略执行几乎成为机械的例行公事过程。这就如同一种无意识的偏见。一个内心的声音在说："这就是我们的行事方式。

到目前为止，这种方式一直在工作着。"实际上，组织中的人已经变得自满了。在追求运营效率的过程中，忽视整个系统的行为屡见不鲜。设计组织相对容易，但我们要依靠少数或特定部门的创造力应对未来，并提出问题"如果……会怎么样？"现在，我们一起来看看一个例子，看看这个组织是如何不让自满妨碍创新轴心的。

在美国密歇根州的三橡树市，有一家旅行者酿酒厂。该酿酒厂坐落在一家由马车鞭和塑身衣厂翻新的工厂，在 2011 年 10 月开业。这家酿酒厂是游客在美国密歇根州西南部度假时喜欢去的地方之一，也是受当地人欢迎的地方之一。他们因屡获殊荣的威士忌而闻名，为此他们打算继续在美国各地开发业务。2020 年 3 月，在新冠疫情期间，旅行者酿酒厂嗅到了一股需求。当时，专门用于抵御新型冠状病毒的洗手液成为预防感染的主要"武器"，但该"武器"在世界任何角落都尚无音讯。意识到这一需求后，旅行者酿酒厂当机立断，选择将其业务从生产威士忌转向生产这款洗手液，并向世界卫生组织申请获批。于是，它是美国第一批这样做的酒厂之一。作为一家酿酒厂，旅行者天生具备保持事物简单、快速旋转和创造的基因。因为缺乏一个庞大的基础设施，他们的生产突然停滞。但这更像是一种蓄意已久的休整，从而使他们有间隙观察形势的复杂性，并进一步围绕他们的控制范围确定相应的解决方案。他们选择问自己："如果……会怎样？"如果将业务转移到蒸馏乙醇，并将其与过氧化氢、甘油和水混合，从而生产洗手液，那么公司会怎样呢？看！就是这么一个简单的解决方案，却可以在非常复杂的时间内解决眼前的需求。

旅行者酿酒厂所具备的知识、技能和思维模式不仅仅是他们能够生产产品并满足社区即时需求的原因所在，他们在市场上的战略优势和与众不同之处还在于他们有创造性地应对挑战的能力，因而他们也建立并扩大了一些忠诚的客户群。

最终，诸多大规模组织找到了阻止新冠疫情蔓延的途径。可是，这些组织的部门结构和庞大规模消耗了许多宝贵时间；而分析形势、确定最佳方法，然后重新调整流程、机器和服务也需要时间。

那么，我们为什么要分享这个故事呢？这个故事的关键在于，对组织来说拥有与旅行者相同的基因有利无弊。在组织设计、人才管理和发展过程中必须要培养人们学会时刻用新视野、新角度看待问题和解决问题的能力。这样，当意想不到的事物从另一端奔来的时候，创造性思维与相关的行为就可以为组织生存提供动力，从而最终获得成功。

如果一个组织的宗旨是"我们创造产品、服务和体验，帮助大家在这个世界取得成功"，那会怎样呢？如果战略的主要驱动力集中在"我们创造"上，会怎样呢？我们是我们自己，不是你，不是我，也不是别人。这种聚焦凝聚了大家行动的呼吁声与期望，一种大家靠自己的知识、技能与思维在日常生活中发挥自己的创造力，而不用在乎他们是什么样的角色。

◎ 找到你内心的百战天龙（MacGyver）

有时候，当我们试图看到一个新的视角或采用一个新的思维方式时，我们会感到仿佛被卡住了一般。这其实是一个机会，你可以像 20 世纪 80 年代的电视偶像百战天龙一样。百战天龙的工作是解决世界难题。他擅长把普通生活用品作为工具，用创造性的智慧来解决问题和迎接挑战。举个例子，在第 2 季的第 19 集，他的吉普车因为散热器漏水而出现了抛锚状况。怎么办？百战天龙随手抓起两个鸡蛋，敲碎在散热器上，蛋白堵住了漏水的洞口，他是这一天的英雄！其中，百战天龙所拥有的技能叫作发散思维。发散思维就是一物多用，即人们发现一个东西并发现它的多种用途，而这些用途与它的预期目的无关。

好在，这种技能是可以培养的，那么，现在轮到你了。通过下面的"你心中的百战天龙"练习来锻炼一下你的发散思维上的肌肉。

◎ 晦涩难懂对错综复杂

我们需要规则来打破旧的规则与规范，否则我们可能会把它们带到创作过程中。

——蒂姆·布朗

目标驱动的战略以促成正确方向为目的，择优竞争与调整转换会成为我们生活与工作的一部分，萦绕在二者周围。如果你目前不是在一个目标驱动的组织中工作，我们会鼓舞激励你。你有选择的余地，你可以选择如何看待事情以及如何表现自己。当前，你可以选择将你的组织视为一个创造性机会。你可以采用这种心态来认识晦涩难懂的事物，并确定你可以影响的事情，从而使事情变得简单，而不是变得错综复杂。

我们要清楚，错综复杂和晦涩难懂之间是有区别的。错综复杂是线性问题，我们能够判断出它并予以解决，而且通常是一对一的因果关系。晦涩难懂是动态的、互动的、相互交织的，它在系统层面上发挥作用，不一定是因果关系的一对一比率。下面，分享一个将这些概念付诸实践的例子。

在发展领域完成 3 年的任务后，人才会出现高流失率。他们知道回到全球总部是一种望而不得的期待。然而，一旦他们来到这一领域谋生，最终就会打下社区根基。有些人可能会买房子，因为这在经济上是件有意义的事，有些人可能会遇到人生中的另一半并结婚。一些合作伙伴与社区有着千丝万缕的联系，所以不打算离开。任务完成后，有人会建议这类人才回到全球总部担任有发展前景的职位。而他们会询问是否有其他机会可以在现岗位让他们继续为公司增值。标准的回应是，他们属于轮流发展的角色，需要回到总部。如果他们想要在组织中成长并拓展自己的职业生涯，就必须要在全球总部工作。

那么，这种情况是属于错综复杂的，还是晦涩难懂的呢？看看人才发展协会的人才发展框架吧！该框架对 39 种不同的人才发展功能进行了确定（图 4-1）。想想这一场景中涉及的众多谜题。至少，薪酬福利、工作、人员规划、人才管理、继任规划、组织效率和员工敬业度都在发挥作用。再加上对这些功能的整合和协调，就产生了复杂性。然而，也有一种世人认可的观念（一种根深蒂固的信念），就是人们必须在总部进行体力劳动才能在职业生涯中取得进步。

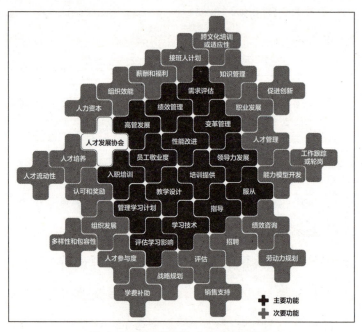

图 4-1　人才发展协会人才发展框架

那么，这种情况是错综复杂的还是晦涩难懂的呢？我们之所以说这很错综复杂，是因为其中有一种根深蒂固的观念，认为人们必须在总部工作才能在事业上取得进步。首先，认识到这种根深蒂固的观念是存在的，它是可以改变的。其次，通过提出"如果……会怎样"的问题，来挑战这种坚固的信念，并通过各种方案来解决这样的问题，从而会发现：这些问题带来的影响不再是人才流失，环境才是阻碍人才回归的主要因素。在一个拥有大量员工的公司里，如果员工们觉得自己受到了重视，有了归属感与参与感，就可避免非必要的人才流失。

人们可以学习如何看待晦涩难懂或错综复杂的情况。一旦确定了各类情况的属性，你就拥有自由了。给情境命名的心理力量为选择与创造开辟了空间。

◎ 混乱中的创造力（VUCA 世界）

想一想，我们的世界是怎样发生变化的。俗话说："世界上唯一确定的事情就是死亡和税收。"现在，我们一起把这句话改为："这个世界唯一确定的事情就是死亡、税收和变化。"变化是持续的，且不可避免，而其挑战在于变化的

数量和速度。

作为人才发展专业人士，我们有责任确保我们组织中的员工拥有正确的知识、技能，并且能够快速调整适应频繁的变化。我们知道，培训并不是解决一切问题的答案。是的，我们都遇到过这样的领导。我们还知道，将培训与整体的人才发展过程相结合可以改变游戏规则。

要成为一名美国海豹突击队员，胆小怯弱的人并不适合其训练方案。训练方案首先是为期24周的基本水下爆破/海豹突击队（BUD/S）训练，然后是为期28周的海豹突击队资格培训项目，但这还不是全部。首次部署的培训可能需要30个月。所有这些加起来，海豹突击队成员至少要经过37个月的训练。

实际上，海豹突击队培训项目不仅仅是训练，我们在更广泛、更全面的人才发展体系中融合了此项目。通过日常强化（有些人可能会称之为别的什么，但我们这样命名），海豹突击队学会了如何快速适应并在几乎任何情况下保持弹性。经过了大量高强度的筛查和强化，适应性和恢复力成为与生俱来的能力——第二天性。

回想一下，在第二章中我们讨论过的模式识别。我们的大脑会寻找模式来简化我们的生活，这样我们的大脑才能释放出空间，专注于更复杂的任务。如果我们采用类似的方法来开发我们的才能会怎么样？如果知识、技能和创造能力每天都得到训练和强化，会怎么样？如果在所有人才发展工作中，整合创造力的过程和工具是优先考虑的会怎样呢？即便从基础开始，创造力也可以成为文化的基因和一种生存方式。

◎ 人才发展能力模型与创造力

我们相信，在人才发展协会的人才发展能力模型中的每个领域，发挥创造潜力都是可能的，这对您来说并不奇怪（图4-2）。为组织发展、文化和未来准备而确定的知识和技能，是最符合自身发展和组织创造所需的条件。

我们都明白，在人才发展的保护伞下，从入职到绩效管理，再到为战略成功培养顶级人才，甚至是规划工作项目将会有多个起点和终点。项目的成功将取决于赞助商在组织中的地位及其与战略的关系。为了降低风险或减少错误，这些项目的战略重点可能包括改进或创建可扩展且可重复的流程。

个人提升能力	专业发展能力	组织影响能力
● 沟通	● 学习科学	● 业务洞察力
● 情商与决策	● 教学设计	● 咨询与业务伙伴
● 协作与领导力	● 培训交付与引导	● 组织发展与组织文化
● 文化意识与包容	● 技术应用	● 人才战略与管理
● 项目管理	● 知识管理	● 绩效改进
● 合规与道德行为	● 职业与领导力开发	● 变革管理
● 终身学习	● 教练	● 数据与分析
	● 效果评估	● 未来准备度

图 4-2　人才发展能力模型

　　对有些人来说，文字处理就像指甲在黑板上划过。他们认为这个过程是有限的，没有创造的自由。而对其他人来说，这个过程打开了思考或做其他增值工作和创造的空间。此处关键在于对"过程"这个词的解释没有对错之分。作为人才培养专业人士，无论其智能如何，我们都有责任小心翼翼地去审视和了解组织。我们拥有独一无二的机会来选择将组织视为一个完整的系统，同时认识到系统是由各个部分组成的。复杂性也是系统固有的一部分。创造性的过程和工具并不足以解决复杂性和让事情变简单。具有不同生活经历、知识和技能的个体也是这个系统的一部分。诸多部分构成一个整体。如果多样性、公平、包容和归属感不是这个组织的基本组成部分，那么建立创造性文化的努力就会失败。

即便是艺术家也需要一个框架，一块画布的边缘，这就是这个过程所要做的。它提供了画布的边缘。

——艾米·克莱默

◎ 你拥有所需的一切

创造力好似一床波希米亚式的拼布被子。它虽不意味着完美，边缘也未完工，但它有一个用途，比如作为被子用来表达爱意或作为取暖的工具。在组装之前，材料堆积在一起，看起来相互排斥，乱作一团，无法装配在一起。缝制中需要耐心、毅力、过程，以及对不同观点的开放态度。在此，我们发现 4 个使空间可用于创造的元素。被子的魔力在于面料、纹理、颜色和图案的多样性。当一件面料的颜色或图案放置在另一种材料旁边时，就会突出显示其最佳特征。每一块布料，都曾是独一无二的，但现在变成了包容的，大家共属一体。

创造文化的美妙之处在于，创造的机会不受任何一个功能、一个人或一个时间点的限制。创造力无所不在、无所不能，它存在于我们每个人身上。回想一下在导言中读到的内容和 4 条基本真理：

- 创造力非常重要。

- 创造力存在于我们每个人的内心。

- 我们可以学习变得更有创造力。

- 我们可以克服创造力的障碍。

我们相信，你具备创造的能力，有能力把自己以及组织内外的人，培养成一个有创造力的人。

本书其余部分将通过故事、练习和反思带你踏上创造之旅：

保持好奇心。这是创造力的基本技能。

做你自己。了解自己可以让你以独特的方式变得更有创造力。

与他人同行。如何激发他人的创造力。

保持真实。探索创造力是如何在虚拟世界中活跃起来的。

带动更多人。引导自己和他人通过新颖的视角来认识或产生想法，从而挑战大众，创造出令人惊叹的顿悟时刻。

日志练习：你心中的百战天龙

1. 列出尽可能多地使用回形针的实用方法，用时 45 秒。如果你有时间，可以画一个涂鸦。

创意涂鸦

2. 你是如何想出这些方法的？

3. 如何在组织中应用发散性思维？

第五章
保持好奇心
CHAPTER 5

> 我没有特殊的才能，但我有满腔热血的好奇心。
>
> ——爱因斯坦

创造力是需要付诸行动的。而好奇心则是创造力的关键因素之一，是我们每个人都拥有的超能力。不幸的是，好奇心被忽略的情况屡见不鲜。因为通过日常投入，人们形成了这样一个信念：即我们该如何表现、该如何行动以及我们该如何"长大成人"。最终，由于对评判、拒绝以及准备不充分的恐惧会成为好奇心的绊脚石和氪星石①。即使你有强烈好奇心，这种欲望也会在不知不觉中被消除。当这种情况发生时，你想要成为梦想中的那个人，并按照你想要的方式去创造的愿望就不会实现。你可以在生活中思考："我是怎么走

---

① 氪星石，即 Kryptonite，仅存在于超人等故事中的化学元素，超人若接近此元素即丧失超常能力。——译者注

到这一步的？"但是，朋友们，最好的消息是还有希望。

接下来唐娜将分享她的个人经历，我们随之便会进入一个小小的旅程。唐娜将分享她对压力影响日常生活的看法。同时，她还将分享自己对如何重燃好奇心或重新发现好奇心的想法。

◎ 重新发现好奇心

唐娜要和大家分享的经历曾对她的生活产生了深刻的影响。她下定决心承担创意风险，第一次以公开的形式讲述这一私密。她希望能激励并影响大家的个人生活和职业，行动起来吧。

现在，让我们来听一听这个故事吧。

我父亲是一个正直的人，他在人群中属于安静的那一类人。因此，很多人都觉得他相当坚忍。此外，我父亲还会关注当地新闻和世界大事，不断拓展职业领域以外的见识。因此，我确信，父亲知道他所学的一切都会在他生命中的某一时刻以某种方式发挥作用。虽说是一个农民，父亲却是个修理设备的能手。遇到旱涝或任何其他不可预见的自然灾害而导致农作物歉收的时候，他总能找到办法维持生计。

父亲喜爱孩子们，当然孩子们也爱他，因为他愿意一心一意地、耐心地照顾孩子，愿意教孩子们认识周围的世界。孩子们对世界充满了好奇心，而父亲在其中找到了乐趣。对于孩子们而言，这是一个机会，帮助他们成长和发展的机会。我注意到，父亲对待一些直系亲属或其他成年人的方式并不相同。当他和一些人交谈时会保持沉默，行为矜持。无论是欢声笑语与兴高采烈，还是怅然若失和垂头丧气，他都会小心翼翼地向别人表达他的情感。随着在人才培养、教导以及人类全面发展方面掌握的知识和技能越多，我就越好奇"为什么"，为什么父亲会这么做。到了 2006 年，我才对"为什么"这一问题的一些潜在原因和影响有了些许了解。

2006 年 9 月 30 日，星期六早上 6 点 45 分我接到母亲的电话，这一时刻我永远不会忘记。在医院待了一晚后，母亲开车回家，她打电话告诉我，父亲在工作时癫痫发作了。经过多次检查，他被诊断出患有脑瘤。我收拾好行李想回去待几天，然后两个小时的回家之旅便开始了。

通过咨询神经科医生得知，在我父亲的左、右颞叶间发现了一个恶性脑瘤。神经科医生认为父亲患有这颗肿瘤已大

约 1 个月，并预断父亲寿命可能为 6 个月。医生提出了相应治疗方案，然后我们将父亲接回了家，打算让父亲几周后回来开始化疗和放疗。

> 不管是人是鼠，即使最如意的安排设计，结局也往往会出其不意。
>
> ——罗伯特·彭斯

在随访中，我从医生那里了解到，父亲的肿瘤正在诱导液体和压力积聚在他的大脑上。虽然是恶性肿瘤无法切除，父亲却想要享受尽可能高的生活质量，所以他选择了开颅手术来减轻大脑的压力。手术过程中，外科医生发现父亲还患上了一种因神经而生成的疾病，几乎使他的肾脏衰竭。如果父亲没有选择手术的话，他那天就会死于肾衰竭。所以，外科医生在给他开颅之前必须先进行补救措施。本就复杂的手术变得更加复杂了。

尽管整个情况都很复杂，令人紧张，但还是发生了一件相当酷的事情。父亲一从手术中醒来，我就看他做了一些从未见他做过的事情，也是我完全没想到他会做的事情！就在手术前一天，他还保持安静，万分坚忍。现在，他正开玩笑地在用他的康复阻力带弹射职业治疗师。对于一个刚刚做过脑部手术的人来说，他看上去相当健谈。

手术后一周，父亲从床上爬起来时绊倒了，跟跄了一下。当我扶住他时，他主动和我跳起舞来。讽刺的是，15年前，他曾拒绝了婚礼上与我共舞的请求，他说："玛菲（Muffy，我的昵称），你知道我不跳舞。"

我的父亲喜欢听音乐，但从不大声歌唱，现在他却不由自主地唱了起来。在这段时间里，我了解到曾经的他喜欢唱歌，高中时还是男子合唱团的一员。手术后我最喜欢的回忆是我们合唱的二重唱，那是他最喜欢的赞美诗之一：

> 我要飞走了，哦，荣耀，
>
> 我要飞走了；
>
> 等我死了，我就飞走了。

如果你没有意识到，大脑的左右额叶和颞叶掌握着人的推理、判断和控制能力。而我则对此感到自信。我觉得在以前某个时候我就了解这些了，但它从未真正引起我的共鸣。

这是我根据这次经历所提出的一个假设：世界的压力塑造了父亲的行为方式。在某些方面，他人生中的所见所闻阻碍了他的好奇心或对创造的渴望，最终将其藏匿于心底。手术确实缓解了压力。父亲认为他不需要因为成年人的身份而必须以某种方式行事，他爱开玩笑、有点暴躁，就好像他理应回到童年一样。

现在让我们来分享唐娜的故事，以及它与好奇心之间的联系。

一直以来，师长都在教导我们遵守社会规范，行为要恰当，让我们通过观察来学习。尽管可接受的社会规范和行为是为了维持秩序，但无论这种秩序是什么，它们也可能造成压力。压力的种类：

- 取得某种结果。
- 以某种方式说话。
- 以某种方式行动。
- 表现。
- 给予。
- 不失败。

● 不让人失望。

虽然脑瘤是导致唐娜父亲生理压力的原因。但不可否认，他也有其他压力，就像唐娜刚才列出的那些。这些压力在他 68 年的生命中逐渐积累起来，有意无意地抑制着他表达、唱歌、演奏的欲望，某种程度上可能还由于怕被拒绝而压制了好奇的欲望。

事情可以这样解决：大家都要有自己的选择。首先，你可以相信自己已经足够好，不管别人怎么告诉你，你自己都要相信你是奇妙的存在。你也有一种天生的好奇和创造的认知能力，我们都生来就有这种能力。无论出于什么原因，唐娜的父亲都没有意识到他还有选择的余地，或者说他没有选择改变自己的观点，承认自己可以与孩子以外的人玩耍和交流。这个故事可以告诉大家的是，唐娜的父亲总是有选择的，你们也一样。你会让自己去探索，而不是被"但是、我不是或我不能"之类的想法所限制或束缚吗？或者，你会允许自己去思考、去谈论、去探索，睁大眼睛去寻找各种可能性吗？

◎ 观察周围的好奇心

看看你周围的孩子，包括自家的、别人家的或社交媒体上的。不要只是简单地粗略一瞥，要真正地去观察你的所见所闻。如果你真的停下来看看，你会发现好奇心在起作用。当然，好奇心有时也会引发出人意料的结果，比如一个蹒跚学步的孩子走进房间时，脚上会粘着卫生纸，而他却在探索好看的指甲油。即便如此，好奇心的自然流露还是令人难以置信。儿童的大脑仍在发育——他们正在弄清楚怎么做事，下意识地寻找事情的模式和事物间的联系以理解周围的事物。

2014 年的一篇文章中，卡罗尔·贝克讨论了如何重新获得童心与好奇心。正如她所指出的，孩子们可能会被自然界中一些简单的事情所吸引，但成年人可能会觉得这些事情有点乏味甚至平凡而简单，比如：仲夏的暴风雨、彩虹的神秘色彩，甚至是在花园小径上跑来跑去的小毛毛虫。接着，贝克分享了一位澳大利亚临床社会工作者黛比·卡伯里的一些想法，她认为这种独特的心态可以让孩子们快乐地看待世界：

工作的时候，我每天都和孩子们坐在地板上，他们把我带到一个想象力无限的地方。他们会随意捡起一块石头，跟我聊上 20 分钟，告诉我这石头有多美，或者透过窗户看着闪闪的光线，着迷其中。

这都是用充满敬畏的眼睛来观察生活。当成年人看到泥坑时，他们会担心穿过时把泥溅到新鞋上。但在孩子的眼里，泥坑是一处绝佳场所，他们可以踩脚、把手埋在又湿又凉的泥里、还可以做美味的泥馅饼。

从卡罗尔·贝克的描述中，我们看到了一个好奇心发挥作用的极好例子。

◎ 问题的关键是什么

我们经常会被问到，"怎样才能创造或建立一种文化，让人们拥有创造性和可以打破常规的创新思维的能力？我需要他们能够以不同的方式看待和解决问题"。

好吧，事情就是这样的。提出这些问题的人，通常认为不能从人们那里寻找到新的行为准则，因而在组织中他们也是循规蹈矩的。完成时间紧迫型目标的压力、需要满足利益相关人员或股东的期望、完成指标的需求，以及业务需求和环境的快速变化，这些都真实存在着。在过去，公司在这些既定的框架中很好地经营着。而在这个动荡多变、飘忽不定、错综复杂、模棱两可的世界里，它们也在潜意识里给大家提供了慰藉。在一些没有好奇心的公司中，人们已经形成一种偏见，线性方法是观察问题并解决问题的最佳方式。有一种观点认为，保持好奇心浪费时间，因为好奇心只对从事创造性工作或创新项目的人有作用。换句话说，好奇心就像空中楼阁，并没有什么作用。虽然利益相关方可能对方案的解决速度感到满意，但工作过程对人造成的影响经常被忽视，以至于一些人才慢慢地变得懒散、不上进、没有激情。多样性和包容性之所以紧缺，是因为人们关注的是任务的完成而不是探索更多的空间。

所以，问题的关键是什么呢？要是我们完全信任自己和公司就不应该问："我们如何建立一个让人们怀有好奇心的文化？""我们如何改变工作流程和系统以使我们在日常工作中产生好奇心？"

◎ 选择好奇心

好奇心是与生俱来的，我们生来就有这种能力。重要的是，我们要知道并记住我们不会失去这种能力。一些人通过我们可以看或听的艺术来培养好奇心，然而另一些人则通过他们的经历来培养好奇心，比如创业、创办非营利组织、抚养孩子、教学或培养人才等。好奇心是一种选择，它可以被再次发现或重新点燃。它让你有机会充满好奇心，并且创造一个让他人同样如此的环境。

好奇心需要你敢于挑战大众，无论这群人是场外观众还是你自己的观众。我们希望你不必通过开颅手术来减缓压力，你也不用再等待，你可以有如下选择：

1. 承认你有压力。

2. 确定压力如何影响你。他们是否创造了一个让你充满好奇和探索心的环境？或者他们已经成为阻碍好奇心和创造力的障碍了吗？

3. 选择保持好奇心和探索能力。

4. 用你的好奇心超能力触发出可能关于个人、专业和你的组织的灵感或想法。

在关于成年人和好奇心的一篇文章中，卡罗尔·贝克写道：无论你的信念是什么，充分发挥你曾经拥有的孩子般的创造力，你的个人生活、工作表现和前途发展也会有所改善。这会让你变得更加足智多谋，富有创造力。2010 年，美国研究人员戴亚·扎贝莉娜和迈克尔·鲁滨逊进行了一项关于成年人创造力的研究，要求成年人把自己想象成为一个 7 岁孩子。他们发现，成年人的表现和思维方式越像一个孩子，他就越具有想象力和创造力。

在第 104 页"孩子般的探索欲和好奇心"练习中，让我们参考卡罗尔·贝克的研究，重拾孩子般的好奇心。

◎ 想要探索其他资源吗

看看布法罗州立大学国际创造力研究中心的杰拉德·普奇奥博士的研究：四目视觉（FourSight）和四目视觉评估（FourSight Assessment）。作为一款富有洞察力的工具，四目视觉评估可用于个人或团队进行的以参与者为中心的创新和创造力体验中。该工具为创新过程内外创造性问题的解决提供了基础。我们很欣赏它能让人们明白每个人都具有天生的创造力；四目视觉则是关于整个创作过程的能量水平。

◎ 期待并尊重好奇心

你有机会通过让自己和周围的人保持好奇心来缓解压力，你也有机会营造一个期待和尊重好奇心的环境，你还可以有一个独特的机会来向众人发起挑战，积极促进社会和周围世界的发展。你内心隐藏的声音和口中发出的声音可以帮助你确定在这个世界上如何看待自己，最终决定选择如何展现自己。

接下来第六章内容将带你通过一个过程（从中你会发现该过程不是线性的），增强好奇心——建立好奇心肌肉！

日志练习：孩子般的探索欲和好奇心

1. 观看儿童频道的《好奇心与探索欲》（*Curiosity & Wonder*）或卡罗琳·拉文主持的视频节目《孩子般的好奇》（*Childlike Wonder*）。请问你看了哪部视频？

2. 思考你所观看的内容，列出 3~5 个关键要点。

3. 在生活和工作中，好奇心是如何帮助你的？

日志练习：孩子般的探索欲和好奇心（续）

4. 在满足好奇心的时候，你更想要的是什么？

5. 列出 7 种激发孩子般的好奇心和探索欲的方法。

（1）
（2）
（3）
（4）
（5）
（6）
（7）

6. 在接下来的 24 小时内，你能采取什么行动来满足自己的好奇心呢？

第六章
保持自我：鼓舞自己

CHAPTER6

上一章节，我们对好奇心以及它作为创造力关键因素是怎样发挥作用的进行了研究。此刻，在自我探索过程中，你将拥有一个展现好奇心超能力的机会。

总的说来是这样的：在人才发展方面，创造力对于个人成就感、员工敬业度和组织成功来说，不会发生作用，它需要我们心、脑、手并用。在对别人的好奇心和创造力抱有期待之前，你必须自己先做出行动。你要敢于去标新立异并理解其中的含义，这是行动的基础，也是关键所在。经历了这一过程后你不仅会获得信誉，而且同时也发展了自己。

现在，我们知道你在思考什么："这怎么可能？反思自己并发展自身？我什么时候才能有时间？"我们总是惊讶人才发展社区为组织做了这么多，却没花时间有意识地总结自己的发展经验和发展行动。

现在正是时候。你或许会感到有点不安、忧虑、兴奋、情绪激动，但这一切都没关系。这恰是你向前迈进时会发生的事情。

> 拼图就像歌曲。一张好的拼图像一个神秘故事，可以带给人愉悦感。它表面无欺，却有出乎意料的惊喜，揭露其隐藏意义后会带给你解决问题的宣泄感。
>
> ——斯蒂芬·桑德海姆

◎ 每次一片

我们会将创造过程和生活中的某个时刻做过的事情进行类比。一旦你掌握了其中诀窍，你再做一项看似望而生畏的练习时，就会自然而然地思考出对应的策略。当你将这项练习分成多个规模更小的组织任务时，它就会变得更好接受了。我们要求你如同完成 1000 块拼图那般，思考创造力！

以下是完成拼图的一些策略，在某些方面，这些策略与我们在本章后发现的过程非常相似：

1.第一步，将所有图片面朝上，然后展开。这样，你就可以清楚地看到所有内容，尽管此时你看不懂这些图片。让所有事物都呈现出一个可见的状态，从而支撑你达到最终的理想状态。你的目标不应该是一口气读完这一章，也不是一下子看完所有工具。不妨细细品读一番。仔细观察这个过程需要什么，并筹划出你个人的策略，但是，切勿不花时间整理你的难题，让这一章匆匆掠过。我们想真诚地告诉你，虽然这个过程需要时间，但它绝对值得投资，就像完成一张拼图那样。

2.接下来，将各个拼图碎片分组，然后留出边缘部分。用创造力的相关术语，我们称这一步为你已知的，这些可能就是你所说的你的边界。然后，你开始根据拼图中出现的部分，将内部碎片分成更小几堆。在前几章，你可能获得些许见解。本章将为你提供一些工具，支持你组织一下从前几章获得的见解以及在本章收到的新信息。

3.现在，整合直边。这一步让你开始行动，将你需要完成的范围整合起来。你正在做的是装帧画面，或者有人称之为护栏的事情。

4.通过分组别、颜色和图案来组装拼图的内部。实际上，组别、颜色和图案与主题相关。在整个过程中，主题一出现，你就会识别它们。需要引起注意的是，有些主题可能更为微妙，也可能不会立即出现。缺少一块是完全可以的，这有点像拼图的一角，你找不到了，但是有一天，它就奇迹般地出现了。

5. 注意每片的形状。根据这些碎片的形状，我们可以分辨它们关联与否。本书中的一些练习会引导你创建并反思这些关联与非关联。你一直全神贯注，提升着观察力。换言之，你在观察不同的部分是如何形成的。

◎ 拼装碎片：一个演变和转化的过程

这一过程需要注意的一些事项：

- 拼装碎片基于以人为本的设计、创造性问题的解决、创造性思维以及创新过程。

- 每一步骤都需要足够的工具和技术。

- 这个过程是迭代的，所以我们爱说，相信这个过程——你会成功的。

总之，我们的目标是使整个过程保持简单性和相关性。

如此一来，你就可以发现一些深刻的见解，然后给自己找到意义深刻的东西。谁知道呢，你也可以在你的工作中分享和应用这个过程，或者分享你的发现。

◎ 创造力的开发过程

提到"创造性解决问题"一词，你可能会感到熟悉。尽管我们对这一术语表示欣赏，但在这个过程中我们选择不用"问题"这个词。你可能会问"为什么"。这样告诉你吧，我们使用这个过程目的在于开发创造力，而非仅限于解决问题。不管我们正在面临的是应对挑战还是开发区域，它们都并非是一个问题，而是一个机遇。我们现在采用的是欣赏式路线，问题的解决和根本原因的分析则属于另一个主题和下一次进行。

与本书的其他章节一样，为了帮助你探索某个概念，我们会给你提供一些工具支持。但在这一章我们增加了更多的规定，因为这些工具看上去不同于你在其他章节中所体验到的。但是，我们会一步一步地陪你一起走完这个过程（图6-1）。即便如此，我们也正利用现成的资源促进发展。谢谢你继续信任我们，信任这个过程。

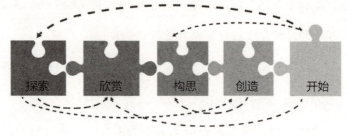

图 6-1 创造力开发过程

◎ 步骤一：探索

你总得从某处着手，就像拼图策略一样，即使最后一块不是你所需要的，也不要放弃你最初的目的。

探索是第一步。你可以问问自己："我想解决的问题是什么？"在与客户一起确定他们的发展主题时，关键是要找到一个情感共鸣的主题，这是点拨难题的关键部分。

举个例子：团队中有人表示，为了方便进入下一个角色，他们希望提高沟通技巧。单看表面，这个培训主题听起来很棒，所以教练和客户都在努力培养更出色的沟通技巧。但几次训练后，教练就注意到客户这边出了问题。的确，他们参加了培训，也完成了工作，但是，缺少了某些东西。虽然，他们正身体力行付诸行动，但他们的情感能量和情感投入并不明显。

所以他们缺少的是什么呢——探索请求的背后动机。如果他们先花一些时间提出心中的疑惑，而非直接采取行动，那么显而易见，我们就明白了他们的动机——建立自身信心。建立信心这一话题拓展了我们更广阔的探索空间。并且，还可能让我们有机会去探索自我意识、自我实现，以及其他无数颇有意义的话题。而这些话题也将为我们提供情感共鸣和真实的意义，让我们去培养更好的沟通技能。或许，沟通技巧仍然是行动计划的一部分。

我们学到的社会规范之一是我们需要尽快获得成果。对我们来说，这种立即着手解决问题的想法早已根深蒂固。而当我们这样付诸行动时，整个过程就变得纯粹了。仿佛我们在有意无意地表达赶快结束这件事，这样我们就可以往前走。然而，这是缺少深思的，让我们忽略了探索并确定主题以及处理问题将产生的持久影响。

我们肯定都对这句话有所耳闻，贴个创可贴。请相信我们，这不是开发创造力应有的心态。我们要花时间发现挑

战，并采取措施予以应对。是的，这样一来可能需要耗费更长时间。然而，预先花费的时间是为了最终获得一个可行的解决方案。

还有其他好消息吗？当然有！在整个过程中，确定的挑战可能会有所变化。这种情况相当常见。你只要记住：你需要从头开始，不要跳过探索这个阶段。

而且，你还将在这一步骤中创建一些假设性语句。这些语句可改变你对某个话题或情况的看法，这是一个技巧，它可以转变你的思维，让你不再局限或消极地考虑可能性。

比如，在没有明确目的或预期结果的情况下，你接手了一些会议，然后收到了关于接管会议的反馈。虽然，这可以看作是在领导能力方面的一个优势，但你也被告知错过了担任顾问和以身作则的机会。所以，于你而言，这是一个机会，你得以扪心自问："如果自己在接手之前花费多一些时间看一看会议室呢？如果提前对其他可以共同筹办和领导会议的人员进行确定了呢？"牵一发而动全身，这一个问题就有可能引出其他问题，比如："如果这样做了，会议室里其他人的领导技能又会受到怎样的影响呢？"再比如："其他人要是对你的新方法有不同的看法呢？"如果你花时间去深思

114

熟虑地做完这个"如果……会怎样"的陈述练习，那么你将能更好地确定自己想要解决的挑战。

现在该你了。也许，你内心已经在为自己思考，完成了这个"如果……会怎样"的陈述练习，又或者，你目前可能不知道如何开始。你要是想获得一些灵感，下面给你准备了一些使用"如果……会怎样"的格式去迎接挑战的例子：

- 如果我着迷于某个挑战，而非即刻去寻找解决方案，那会怎样呢？

- 如果我没有必要知道所有答案，那会怎样呢？

- 如果我不觉得自己受困于正在做的工作中，那会怎样呢？

- 如果我把人看作解决问题者，而非制造问题者，那会怎样呢？

如果你需要更多的帮助，你也可以上网搜索一些自我反省的工具，比如阅读《生命之轮》（*Wheel of Life*）或运用优劣势分析法进行个人分析。

你如果准备好了，就完成下页的"如果……会怎样"的陈述练习，想出你自己的"如果……会怎样"陈述语句。然后，你将准备好前往更远更深之地！开始第二步：欣赏。

◎ 步骤二：欣赏

我们可以借助多种渠道收集信息或数据，从不同的角度或视角审视自己，而现在正是这样做的好时候。在第二步中，关键是要保持好奇心，不要判断自己做得好或不好。如果带有负面评论的声音出现，那么我们会鼓励你，直到你大胆说："感谢你的意见，也感谢你努力使我安全或脚踏实地。但请离开吧，如果某一天我需要你的任何意见，我会告诉你的。"

尽可能地保持客观。而且，我们也会再次重申，不要急于求成，耐心等待解决方案。对你来说，现在正是一个绝佳机会，你可以收集见解，弄清楚一些事情，同时练习自我同情。让自己沉浸在此刻吧，坐着迎接这一步的来临，然后去欣赏你所发现的一切。对此，你可能会表示赞同，也可能另有想法，或许你会喜欢自己所看到的、听到的、经历的，又或许你可能会很高兴、很谦卑。

这是一个坦诚相待的时刻。我们知道，你们中有些人打算快点行动。你们是由解决方案和结果驱动的，这是你们过去的经验带来的影响。虽然我们不能告诉你什么该做，什么不该做，但我们强烈建议你用3~5天的时间来完成第二步。

给自己一点时间，去收集更多关于自己的见解。

第二步里的主要练习是"最佳状态的我"和"我如何才能"。

"最佳状态时的我"练习

这个练习可以让你跳出自己的思维模式，帮助你在职业发展方面收集他人的建议。在练习过程中，你将与 10 个人进行接触，要求他们每个人用 2~3 个词语描述你的最佳状态。请注意：你要的不是一个段落，甚至不是一句话。每个人只需 2~3 个字词！然后，你把收集到的字词写在图表的空格里。每个空格一个字词。一旦你写完所有字词，你就该开始反思其中蕴含的主题。

"我如何才能"练习

"我如何才能"这个练习，主要用于帮助你综合这个过程中你所收集到的关于自己的见解，并继续构建你正在应对的挑战。

如果到现在你还没有察觉到，你目前正在进行的每个步骤都与你之前的工作有关，或者是建立在这一创造性开发过程的基础上；那么在这种情况下，你就需要回到步骤一：探索。回顾你之前完成的"如果……会怎样的"陈述语句。同时，你还要回顾一下你在"最佳状态的我"练习中所确定下来的主题。为什么要把这些信息放在你面前，因为这个练习对你综合已经收集到的见解有帮助，能够唤起你好奇的超能力，并让你产生关于"我如何才能"的陈述。

注意：完成了步骤二，并不意味着可以直接跳到解决方案的步骤。你同样需要选择方案应对你的挑战。你仍然要理清思路，欣赏你遇到的挑战。步骤三，给你创造了应对挑战的想象空间，拓宽了解决方案的可选性，从而构思想象事情发展的可能性。

◎ 步骤三：构思

让我们始于这样一个事实：当我们通过创造性开发过程这一部分帮助人们时，我们要努力使用不少于 5 种的构思工具。为什么那么多？因为构思意味着我们要从多个角度看待挑战，要打破或结束偏见和假设、激发洞察力，给思考和创造释放空间。

本书中，我们力求保持事情简单化，只让你通过一种构思工具进行工作。倘若你想使用其他工具来扩展思维、打开视角，你只要在网上搜索"构思工具"，你就会发现多种选择。

现在，是时候开始构思你的"我如何才能"语句了！

反向思考是个不错的工具，它可以让你从一个新的角度看待挑战，并与你的假设进行面对面碰撞。如果，你打算想出一些新奇之物，那么对于构思来说识别不同视角必不可少，而且在这件事上毫无商量的余地。

本练习是让你选择一个你想要进一步研究的"我如何才能"语句。下一页提供了"反向思考"练习，你可以利用该练习来识别和应对你的一些猜想。为确保你正在挑战自身，让自己尝试去思考更广阔、更深刻以及不同以往的东西，并且确保你有多余的想法，你会有三次使用这个工具的机会。

完成练习后，你要为列出的解决方案选出一个想法，然后将其应用到流程的下一个步骤——创造。

暂停片刻，然后相信这个过程

我们想花点时间指出的是，虽然我们一直在引导你一步一步地完成创造力开发，但你可能会看到，这并不像你最初设想的那样，它不是线性的。回想一下本章前面的图 6-1 中

的曲线箭头——它们说明了迭代通常发生在哪里，以及这个过程并不是线性的，而是具有运动性和流动性。重新审视在每个步骤中获得的见解，并认识到这个过程的线性（是的，我们刚刚创造了一个新词）是如何变得有些模糊的，这一步很重要。迭代给一些人带来了很多能量，而有些人却觉得速度变慢了，因为他们只想着尽快获得解决方案和结果。通常在迭代练习中，我们会告诉大家要相信这个过程。创意开发过程并不总是从 A 点到 B 点一条直线，而是一路上会经历好几次检修。

◎ 步骤四：创造

　　创造步骤旨在获取想法，并创造一个视觉原型。这一步选项很多。虽然你从始至终一直在创造你的问题，但最终的画面可能仍然不清晰明了。在这个阶段，你所有的想法开始聚集在一起。但是，你头脑中开始的概念可能在逐渐演变，所以现在你可以回过头去创造一个清晰或崭新的画面。

　　探索和尝试不同的工具是饶有风趣的。今天与你产生共鸣的工具，有可能 6 个月后就不会产生这种效果了。无论你使用什么工具，都要保持专注。

创造步骤目的在于获取一个视角，从而回答在"反向思考"练习中发现的潜在问题的解决方案。潜在的问题包括：

- 未来会是什么样子？

- 我该怎么去那里？

为了回答这些问题，你需要做一个简单的练习，叫作"给未来的自己的信"。这样一来，你自己能更清楚地了解解决方案，甚至你会明白如何与他人谈论这个方案。如果你打算完全沉浸在当下，就要把手机调成飞行模式。让身体重新处于一个安静之地，这让你有空间思考，并在接下来的10~15分钟做准备。当你准备好了，就进入这个空间，通过两轮呼吸练习让你的头脑平静下来。

过程是这样的：

1.闭上你的眼睛。

2.用鼻子深吸一口气，数4下。

3.屏住呼吸，数4下。

4.用嘴呼气，数4下。

睁开眼睛，体会你身体上和情绪上的感受。如果你感觉不稳定，再来一次呼吸练习。一旦你稳定下来，就是使用下

面日志练习的时候了，给未来的自己写一封信。

在进入第五步之前给自己留至少 12 个小时，让自己刚做的工作发酵一下。你可能会在你信中添加一些东西，使你的设想更加清晰。

◎ 步骤五：开始

现在，你已经到了最后一步了！是时候采取行动解决问题了！当然，这并不是说你到目前为止还没有采取任何行动。正因为你已经采取了行动，你已经对洞察力进行了收集，并将其提炼成了主题；你已经对会出现的可能性进行了探索，并创建了解决方案实现后事情将如何发展的愿景；你已经通过每一步迭代了你的挑战，创造力开发过程已提供了结构和准则，从而你可以精准阐述要解决的挑战。我们希望你已经清楚地明白，也爱上了挑战，而非解决方案。当我们直接跳到解决方案时，我们可能会发现我们解决了错误的挑战，可能不得不处理不愿见到的结果。

既然你已厘清思路，那么是时候为自己已经确定的至少一个解决方案制订行动计划了。你可能会想："什么样的行动计划最适合这种情况？"当然，这个话题我们也有一些想法。在制订行动计划之前，让我们先来看看你将要使用的目标框架。

我们假设你熟悉 SMART（具体的、可衡量的、可操作的、现实的和有时限的）框架，该框架用于输入一个典型的行动计划。与此同时，SMART 目标涉及何人、何事、何时。然而，这个框架具有一定的策略性，它并没有给目标的设定与结果的实现带来有益的情感共鸣。

我们要求你深入挖掘，把你的头脑和心灵带到开发创造力的过程中，并且我们将不会停止。为了确保你正在实现的目标能在情感上引起共鸣，从而推动和帮助你，我们将利用由领导力智商公司（Leadership IQ）董事长兼首席执行官马克·墨菲创建的"硬性目标"框架。我们鼓励你使用该框架作为你设定和打算实现的每一个目标的试金石。

硬性目标框架：

衷心。"这是我想要实现的目标，是我认为必须要做的事情？"衷心的宗旨是引起共鸣。

画面。闭上眼睛，想象自己正在一步步实现目标。"我能看到自己在采取必要的行动吗？"

要求。"我需要做什么？我还需要包含谁？我的预计期

限是什么时候？"要求是战术。如果你不能很容易地确定或者想要弄明白这一点，重新审视你最初的目标，并确定此目标是否真的与你产生了共鸣。

困难。"太难，太简单，还是刚刚好？"遵守金发姑娘[①]原则：挑选刚刚好的挑战级别，这会让你有一点害怕但是还可以承受，因为你在变化。如果太难，会让你感到恐惧或者放弃。

测试表明，选择一个你想要实现的解决方案——这就是你现在的目标。让你的目标通过"硬性目标"框架，如果它符合标准，继续在"行动计划"练习提供的模板中创建你的行动计划。尽可能多地重复这个过程，以确保你已经确定了一个致力于实现的目标。

开发是一个持续的过程，就像持续改进一样，所以你要确保自己有机会进行回顾。你可以这样想：你要看看你的后视镜，收集经验教训，作为你在人生旅途中选择如何前进的参考。回顾你在本章中，以及在整本书中所做的工作，这将使你重新审视并连接起你获得的观点和见解，验证你所取得

---

① 凡事都有度，量力而行，出自《金发姑娘与三只熊》。

的进展，并为继续前进提供动力。

◎ 让你的创造过程发挥效用

对于个人来说，发展和成长绝不是只有一条路可走。一个人的发展和成长不像我们上课、看书那样，也不像一对一的辅导或做轮岗作业。它涉及的范围更广，就好比拼图一样。完成拼图之前我们要先在大脑中确定一个最终目标，然后伴随着一个策略和过程。同样，这也适用于发挥创意。在本章，我们已经向你分享了整个过程，当你试图运用创造力去完成一个挑战时，这个过程可以为你提供一些支持和技术手段。现在，你已经收获了一些经验，这些经验告诉你如何去创造新产品或提供新服务，它也会让你重新设想人才发展功能需要如何应对未来不可预见的社会和经济变化。

我们有心让你潜心于开发自己的创造力。我们希望你有精力、好奇心和渴望去学习更多的知识，去探索如何参与并让他人参与到关于创造需要什么的对话中来。下一章，我们将内容扩展到新的领域，旨在探索鼓励别人不盲目从众去创造的话题!

你的创造力是无限的，使用越多，得到就越多。

——玛雅·安吉洛

✎ 日志练习："如果……会怎样"陈述

在下面空白处写出 3~5 个你自己的"如果……会怎样"陈述。

(1) 如果我换工作会怎样?

_____

_____

(2) 如果我调整或扩展自己目前的技能，让自己在相关领域内更具市
场价值，会怎样?

_____

_____

(3) 如果我花时间培养自己的美术技能会怎样?

_____

_____

(4) 如果我开始通过当地的商会建立网络会怎样?

_____

_____

(5) 如果我花更多时间推销自己会怎样?

_____

_____

职场创造力

 日志练习：最佳状态的我

1. 联系 10 个人，让他们每个人用 2~3 个词来描述你。

2. 用你收集的词语填空。需要的话，再创建一页表格，不要局限于现有的表格。

3. 看看你写下的单词，然后反思。问问自己：

我看到了什么？

出现了什么主题？

让我好奇的是什么？

日志练习：我如何能？

1. 从"最佳状态的我"练习中选择一个最能引起你共鸣的主题，并复习相关词语。写在这里：

2. 将计时器设置为 3 分钟。

3. 尽可能多地使用以下格式编写"我如何才能"语句："我如何才能_____以便 _____？"例如：我如何才能建立与高级领导层合作的信心，以便在生产车间员工的发展中发挥更大的影响？

4. 检查你的选项，选择一个与你有共鸣的"我如何才能"语句，在步骤三构思中使用。把这句话写在这里。

日志练习：反向思考

1. 在第一栏中根据你正在面对的挑战写出 3 个猜想。

2. 选择并解决以上其中一个猜想。

3. 在第二栏中，至少定义两个相反的事实，然后思考它们如何影响你正在处理的挑战。

4. 在第三栏，从相反的角度描述新的方案（服务或产品）。

5. 根据第一栏中列出的每个猜想，重复步骤 3 和 4。

猜想	反向思考	解决方案
描述一下你对挑战的猜想	描述这个猜想的两个相反现实	描述解决挑战的潜在方案
	（1） （2）	
	（1） （2）	
	（1） （2）	

改编自《古森斯》（*Goossens*，2020）。

日志练习：给未来自己的一封信

在下面空白处给 6 个月后的自己写一封信。写信时，仔细思考这些问题：

● 环顾四周，我看到了什么、经历了什么、听到了什么、感觉到了什么？

● 旅途怎么样？

● 有什么是我现在知道而以前不知道的？

● 我周围的人都是谁？

你写完这封信，在下面的空白处勾勒出你今天看到的以及 6 个月后的设想。

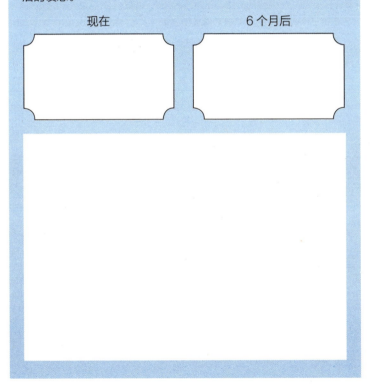

现在　　　　　　　　　6 个月后

 日志练习：行动计划

目标： 改变我的职业生涯，对人们产生更大的影响，同时更好地发挥我的创造力。

行动	与何人／组织，在何地	在何时
加入一个专业的社交团体	当地的商会	本周
通过社交媒体变得更加活跃	领英和推特	本月
创造一个创造性发展的空间（工作室）	在我的居家办公室	两个月

改编自《信用修复》（*Credit Repair*，2019）

第七章

保持做到：鼓舞他人

CHAPTER7

有一种方法，能让你的创造力一往无前地发展，那便是通过鼓舞他人让自身更有创造力。在本章中，我们将探讨的内容是：什么在阻碍他人的创造力。本章，我们试图让你明白的观点有 3 个，它们有助于你在激励他人的过程中变得更有创造力，并且给你提供一些新方法去思考自己的创意，让你成为他人的榜样：

- 作为一种创意表现，自我认同可以激活你的创意实践。
- 领导你的组织重构环境，释放创造力。
- 激发自己和他人的创造性习惯，这是终身保持创造性的关键。

◎ 我有创造力，我能激励他人发挥创造力

> 人们投身于一处环境，观察结果，从而了解自己的身份。
>
> ——卡尔·E. 威克

你有没有思考过这样一个问题，我们的身份是如何形成的？有一种叙事性身份的研究，该研究介绍了一种创建身份的方式，就是将我们的生活经验变成一个持续演变的内心故事，而这样的故事提供给我们的是具有目的性和真实性的生活。通常情况下，在我们的一生中，当我们不断建构和重构我们的故事时，世界对我们的反馈往往验证了该故事的真实性。在我们的叙事性身份里有一些标签，它们代表着我们的各种身份：我是一名母亲，我是一名跑步爱好者，我是一名会计。一个新的内在叙事可以重建我们的自我认知，并促使自我引导之路发生改变。以癌症患者为例，他们将自己的身份从受害者重塑为幸存者。那些与酒精做斗争的人将自己的身份叙述转变为"我是一个正在康复的酗酒者"。

对于让我们变得更有创造力这件事，以上的例子会带来

什么启发呢？创造力研讨会开始时，我们收集了每个参与者关于创造力的自我陈述，包括：

- 这个团队中，我不是最有创造力的。

- 我的创造力不是很够。

- 我体内没有创造基因。

- 比起创造，我更注重实践。

- 我父母总说姐姐有创造力。

我们希望，在研讨会期间，每个人对自己创造力的描述会有所变化。因此，我们会给各位参与者提供一些机会，让他们得以去感受他们的创造力。之后，我们会要求他们写一份创造力宣言。我们坚信，如果你正尝试改变自己的身份，那么你就应该以肯定的态度将其作为一个预先确定的结论，然后再致力于改变自我陈述。在创造力方面，通过实践和意念的作用，可以形成新的自我认同。

花几分钟反思一下你对自己创造力的描述，还有对他人产生的影响。完成下面"我的创造力宣言"练习，并在里面记录你的想法。不要对其进行评判，不要事先编辑，随心所欲地将它们写下来。

写这些有多难？如果你经历过一段艰难时光，那么就反

思一下，困难是如何破坏你的创造力的。接下来，我们需要深入研究，是什么将这种构建的现实变成了一种身份陈述、一种感觉真实的事物。让我们先来看看几个简单的方法，看看如何在你的创造力宣言中找到真相，如果你还没有做到，那么你需要告诉自己：我有创造力，我能激励他人发挥创造力。

◎ 培养富有创造力的环境

如果你的组织既不是设计公司也不是时装公司，如果你的组织在创造力这方面有待增补，那么根据组织章程，你会选择什么来为你的工作增添更多创造力呢？更糟糕的一种情况是，如果你的组织不赞同创造力，那么你怎样才能为自己和他人找到一个有创造力的环境呢？

组织绩效由两个层级驱动着。第一个层级是显著的——大多数人能看到，我们日常都在运用。然后是编码的第二个层级，对我们大多数人来说这一级是无形的、看不见的。

第一层级：显著的级别

这一级别的驱动因素与组织愿景、组织使命、组织战略和组织目标行为的产出结果有关。公司的日常运营、财务、绩效管理、人才和领导系统会更加强化这些内容。第一层级绩效驱动因素往往是组织内所有人最容易理解的因素。

第二层级：编码的级别

大多数人都不知道存在第二层级。第二层级采用第一层级的参数和期望，并将其编码到组织的基础架构中。这一层级对所有人来说都是不可见的，除了那些明确寻找它的人。然而，编码水平对组织绩效的影响是显著的。第二层级绩效驱动程序的许多方案是多年前早已制订的。通常情况下，它们不用于培养创造力。事实上，它们的作用恰恰相反，它们是为了确保可预测性、遵守标准，以及确保变化是渐进和谨慎的。简而言之，它提倡零方差。在我们的工作描述和绩效评估中，零方差成为从组织层面到个人层面的隐藏代码。

假设你想改变的是组织绩效和员工，让他们更具创造性。那么在这种情况下，你必须更改隐藏代码，也就是将第一层级的预期绩效转换为第二层级。通常，组织采用新战略和工作方式时，他们会忽略对第二层级编码的处理。这表明，它们之间存在级别不匹配的情况。对于这种不匹配，一位首席执行官曾这样描述过："这就好比有了一个新战略，但资金给了旧战略。"以下是一些第一层级和第二层级不匹配的例子。

下午 2 点，你需要参加一场会议。为了准时开会，你借了朋友的车，预估车速为每小时 112 千米的话，你需要 30 分钟才能到达开会的地方。下午 1：30 你出发了，但你一上车就会发现，不管你多么用力地踩油门，车速都不会超过每小时 88 千米。你打电话告诉朋友这件事，她却很抱歉地告知你，她的司机还是新手，所以把车速限制在了每小时 88 千米以下。所以，不管你多么努力，你都无法开得更快，除非你更改限速器。

组织中同样如此。举个例子，你需要更多人通过全年的小型创意或创新项目进行创新（第一层级）。但问题在于，预算制度（第二层级）不允许在每个预算周期开始时为没有计划的项目提供资金。要改变这一点，你必须改变预算体系，以便在全年里更方便地分配资金。

再举个例子，它叫"我们的难堪"。我们曾与一家组织机构合作，其中第二层级编码破坏了我们的创造力研讨会。当时我们正在举办创造力研讨会，一切如常，我们的基本原则之一是"每个人的想法都是有价值的"（第一层级愿望）。研讨会的展示卡是从公司内部培训登记系统打印出来的。如果你是一名高管，系统会打印你的姓名全称，但如果你只是一名行政助理，只会打印你名字的编码（第二层级）。我们可以称之为无害编码。但现在它并非无害，它表明了不同层次之间的划分，打破了人人平等、人人有价值的基本原则。欢迎来到看不见的第二层级，这一层级对我们在第一层级的最终目标造成了巨大破坏。在这个例子中，你也可以看到第二层级的无意识偏见。

以上都是些小例子，但是第二层级的编码形式多样、大小不一。在工商管理课程中，你没有学到的是，如果你想改造某个组织，你必须对第一层级和第二层级都进行改造。大多数组织都跳过了更改第二层级。如果你打算在组织中为人们提供帮助，使他们更有创造力，那么只有培训是不够的。如果你试图激发别人的创造力，第二层级可能会破坏你的最终目标。你务必要着眼于可能限制创造力的第二层级的绩效

驱动因素，并着手进行调整，这样才能激发和发扬创造力。

重塑人才发展组织的创造性

作为一个人才发展的个体，你可以帮助团队确定要在组织中释放创造力第一层级和第二层级可做什么变化。在人才开发领域和实践中，你的团队负责哪些内容？以及哪些第一层级和第二层级绩效管理驱动因素能确保你在任何时候都能支持和驱动创造力？你可以通过调整第二层级来激发他人的创造力，这样就不会受到不利于发挥创造力的组织系统的阻碍。

◎ 支持自己的创造性习惯，然后帮助其他人

> 除非你改变每天做的，否则你永远不会改变你的生活。成功的秘诀在于你的日常生活。
>
> ——约翰·C.麦克斯韦

习惯，指一种经常重复的行为，习惯往往形成于潜意识之中。久而久之，习惯就变成了对某件事的自动反应。你

怎样才能使创造力成为一种习惯呢？如果你研究有创造力的人，那么随着时间的推移，你不仅可以看到他们潜在的创造过程，还可以看到他们的创造性习惯。还记得引言中的阿萨吗？经过多年实践，创造力已成为她的习惯，现在创造力来自她的潜意识。我们怎么才能不经思考就到达一个有创造力的境界呢？你如何激励他人养成创造性习惯的呢？同样，蒂姆也一直在努力让创造力成为一种习惯。他利用习惯循环四定律制定了一份创造力清单，将自己的分析技能与创造力结合起来，接下来我们将讨论这一点。

培养创造力的习惯

我们来看一些关于习惯的信息，这些具有说服力的信息。我们给你推荐一本詹姆斯·克利尔的书——《掌控习惯》（*Atomic Habits*），这本书是你了解如何创造新习惯的最佳来源之一。以下是培养原子习惯的 3 个基本概念：

身份。克利尔的研究建议我们首先关注身份，而非结果。大多数人说我们要跑马拉松，然后将目标和需要的训练落实到位。克利尔建议说，我们要改变这一点，从自我定义为马拉松运动员开始。这种自我叙述，会开始一种不同的、

持久的改变过程。虽然这只是很细微的，但是却可带来不可估量的改变。

1%。标题中的术语——原子——代表了一种微小却拥有巨大力量的东西。克利尔要求我们把行为拆解成微小的原子，而不是宏大又笼统的宣言。比如，把不可能实现的事情当作新一年的决心，我们都知道这些决心很少奏效。随着时间推移，如果你从原子级的小事做起，复杂的工作会变得游刃有余。此外，原子级的小事更容易超越我们的头脑和心灵。

系统。克利尔要求我们思考引起变化的系统，而不是变化本身。他有句名言：分数会自己照顾自己。请不要把注意力集中在游戏的记分牌上，而要把它集中在取得分数的步骤上。这样的话，获胜分数也会随之而来。如果你想保持办公桌整洁，仅仅数一数桌上有多少东西，不会达到你想要的结果。什么样的体系可以让你的办公桌变得更整洁呢？它可以是一个容纳你所有钢笔和铅笔的容器，也可以是一个在你的桌子上标明你电脑区域的垫子，还可以是一个用来隐藏杂乱的电线的收纳器。你要找到能让自己保持整洁的系统。

只要你认真考虑了这 3 个培养原子习惯的概念，你就会了解克利尔提出的行为改变四大定律，他称之为原子习惯循环：

提示：让它显而易见。如果你每天早上都要吃药，但总忘记这件事，因为药在药箱里，那么就在你早上第一个接触到的地方——咖啡机旁边放上一颗药，让药物变得醒目。这便是围绕提示设计我们的环境。

渴望：让它充满吸引力。如果你想粉刷地下室，却没有动力，那就让它变得有吸引力。如果你喜欢听有声书，但找不到独处、无人打扰的时间，那就把粉刷地下室作为听有声书的最佳时间。渴望是非常个人化的，对一个人有吸引力的东西，可能对其他人没有吸引力。

响应：让它变得简单。我们对一位穿着跑步服睡觉的女性进行了研究，她每天早上起床时都已经穿好衣服了。她不需要起床四处找跑步服，同时冒着不跑步而去吃松饼的风险。我们正朝着所需工作量最小的道路前进。

奖励：让它立即有满足感。南希上完早上的游泳课程后，在当地一个特色咖啡店买了一杯咖啡，立即获得了满足感。和我们一起共事的一位女同事，她的孙子就住在瑜伽馆隔壁的路上。所以她在做完仰卧起坐后，就会顺便去探望孙子。

不断增加新的习惯循环，寻找下一个 1%，原子逐渐如滚雪球一样形成你的新习惯与新身份，告诉自己：我是有创造力的，我能激发别人的创造力。

将原子习惯运用到创造力中

尝试用原子习惯循环原理做一些小的实验来提高创造力。例如，你想在参加大规模人才评估研讨会中让自己更具创造力。我们发现使用克利尔的原子习惯可能是这样的：首先声明你的身份，而不是结果。在朝着这个目标前进的过程中，你会遇到无数的小实验，让创造力成为一种习惯。每个小实验都需要对你的身份和支持它的系统做出 1% 的改变。在你意识到创造力就是一种习惯之前，你可能会经历几个小实验。

身份。我在人才库工作室是一个有创造力的人。我支持其他人变得更有创造力。

既然你已经有了自己的身份，那么就利用克利尔研究中的信息来养成习惯吧！让你的身份成为新的事实：

提示。我会把紫色记号笔和便利贴放在我面前的桌子上，让研讨会的每个人都看到。如果他们问我这些东西是干什么用的，我会很高兴地说：万一我们有机会一起想出一个创意呢。

渴望。与其告诉自己，"我必须在研讨会结束前想出一个想法"，不如对自己说，"如果我能添加一点点创意，并让其他人也这么做，这个研讨会将会更好"。

响应。如果有机会，我会分发便利贴。有一丁点儿的机会，我都会先提交一个创意，并促成"是的，并且"的合作。

奖励。当我在一个研讨会上提出一个想法，并且通过了一个"是的，并且"环节时，我会在平板电脑上的会议记录日期旁打个星号。在每个月的月底，我都会反思，在实现自己作为一个有创造力的人的身份和在人才库研讨会中激励他人的过程中，我增添了多少星星。我将和自己的创造力教练讨论我的创造性工作，并准备下一个1%的创造性习惯实验。

用你的智慧和机会来创造你个人的实验。我们发现，当人们试图建立他们的第一个小实验时，总是会遇到困难。别担心，每个实验都和你一样独特，没有错误的答案。秘诀就是：要注意应用克利尔的理念，让自己变得更有创造力，并激发他人的创造力。做出改变并不是一项新年计划，这归结为原子习惯。

通过下一页的"培养创造性习惯"练习来培养自己和他人的创造性习惯。然后你可以开始扩展和探索其他方法来培养团队中的创造性习惯。

◎ 创造性习惯的教练

你也可以进行团队练习来培养其他人的创造性习惯。让自己成为他们创造力习惯的教练，支持他们对小型实验的创作和思考。如果你看到团队中有人在努力释放自己的创造力，你可以提供一对一的培训支持。此外，把你的"创造性习惯的教练"招牌挂起来，吸引人们注意到你的新身份。

◎ 创造力是一种能力

本章涵盖了如何激发他人的创造力，从创造力宣言到促进或指导创造力。我们希望你在实践中进入的一个领域是，通过将创造力作为一种持续性的能力带到组织中来，以此实现持续的改变。请记住，组织绩效由两个因素驱动。它们由一种存在的方式和一系列的期望组成，然后以创造力的方式成为个人才能的一部分。

如果你正尝试让组织更具创造性，你还必须支持第一层级和第二层级的改变。无论你多么努力地在第一层级释放创造力，第二层级都会产生阻碍作用，或者打击人们的士气，除非改变这一层级。作为教练，你可以一对一激励大家；作为引导员，你可以一对多进行激励。但是，如果你解决了第一层级和第二层级的绩效驱动因素，你就可以激励整个组织，让其变得更有创造力，这些驱动因素可以让每个人和任何地方都有创造力。

下一章，我们将着眼于帮助团队完成在虚拟世界中发挥创造力这一有难度的任务。虽然有些东西面对面更有效，但你会惊讶地发现，通过虚拟平台你可以释放出的创造力有多大。关键在于：使用你的三维创意去推动二维世界的可能性边界。如果你想做到，那么你实际上一定可以做到！

日志练习：我的创造力宣言

1. 请倾听自己内心创造力的声音，写下你的真实想法。

2. 大字写下：我有创造力，我能激发别人的创造力。在它周围画一些星星、箭头、心形等。

创意涂鸦

3. 思考一下你对自己宣言的反应，并写下来。你的宣言可信吗？是不是只有部分是真的？

4. 给你内心的声音取个名字，写下你想告诉这个声音的关于宣言的内容。

日志练习：培养创造性习惯

1. 写一份自我陈述，谈谈你想把哪方面培养成创造性习惯。

2. 定义可能帮助你实现身份的 1% 和系统。

1%	系统

3. 使用行为改变的四定律来建立一个习惯循环。

	提示	渴望
	1 2	
	4 3	
	奖励	响应

4. 在尝试这个习惯循环一段时间后，反思你的进步。你的下一个 1% 会是什么？

创意涂鸦

第八章
超越现实
CHAPTER8

未曾有效使用虚拟团队的组织可能会在一个全球化、竞争激烈且快速变化的环境中打一场硬仗。在当前的商业环境中，取得成功的组织已经通过系统、流程、技术和人员找到了跨界工作的新方法。他们将使技术成为开发和提供有竞争力的解决方案的宝贵合作伙伴。

——黛博拉·杜阿尔特和南希·坦南特－斯奈德

20 多年前，南希和她的合著者在《掌握虚拟团队》(*Mastering Virtual Teams*)里写了上面这段话。在这个全球化的黎明时刻，跨越时间和空间的创造性合作成为需要。虚拟创造性合作并不是一个新东西，但在不到 20 年的时间里，它就从运用于全球公司扩展到了运用于个人的工作和学习中。

◎ 对现实与虚拟两个世界的掌握

在《千面英雄》（*Hero With a Millen Faces*）一书中，作者约瑟夫·坎贝尔讲述了他所研究的世界文化。他发现这些神话故事存在惊人的相似，尽管很多文化都与世隔绝。坎贝尔描述了所有神话故事共同的主线：出发、开始和回归。呼吁冒险，拒绝超自然援助和跨过界线进入新领域，这些都属于出发的内容。开始则包含一条考验之路，而最终是一种奖励。回归包括对回归的拒绝，英雄最终会掌控两个世界。

相比我们身处当今社会来说，这条故事线并无二致。因此，为了保证继续工作、学习和生活，我们必须响应号召行动起来。然而，多数人拒绝了这一号召，我们不清楚如何创造虚拟事物。当我们跨过这扇门槛，从物理世界进入虚拟世界时，我们获得了现代超自然技术的帮助。我们一开始就反复进行了试验，最终团队中的大多数人给我们的虚拟追求建立了一个工作模型——我们可以满足自己的需要。这甚至还有一些好处，那就是不用穿正装去办公室了。作为回报，我们拒绝回到过去的方式，也许回归过去最终会成为这两个世界的主人，在虚拟和面对面之间创造一种动态的工作方式。

我们可以对英雄之旅的故事线进行改编，从而讲述我们在 2020 年虚拟工作场所的故事。掌控两个世界会是什么样的？我们的创造力会如何塑造它并被其塑造呢？

我们与一位极具才华的女士共事，当时她正急寻一份新工作。在虚拟空间工作了 8 个月后，这位女士决定下一份工作的地点再也不能是办公室了。我们清楚，目前很多首席财务官都在计算办公空间的高成本，并谋划大幅削减房地产方面的经费支出。同样，过去几个月，我们也一直在虚拟空间工作、学习，不断突破 Zoom（线上视频会议）窗口所能带来的创造力极限与协作极限。与其他人一样，我们身处现实与虚拟相互绷紧的两个世界之中。我们没有足够的洞察力来预知未来，但我们将赌注押在一个动态变化的世界上。在这个空间里，虚拟交流与面对面交流将相互混合、不断优化。我们并不相信，未来我们会进入一个没有办公室的世界，以身处各地的模式工作着，但也不会再回到那个只是面对面工作的旧世界。在这种前提下，我们如何才能通过动态方法来吸引、选择、评估并开发人才？我们怎样利用虚拟平台去创造性地解决问题呢？我们要如何才能打赢这场人才争夺战，同时确保什么对我们的组织和客户来说是最佳的？

◎ 动态交期模式

自 2020 年起，全球迅速进入"虚拟世界"。许多办公室被迫关闭，而虚拟线上成为大家工作、学习与合作的唯一形式。随着时间推移，我们亲眼看到一些办公室断断续续地抓住有限的时间营业，可其中虚拟线上办公室仍然是沟通的主要渠道。展望未来，我们看到的是集合创造力、完成任务、协作以及学习的新工作场所。

举个例子，在学习空间中，研讨会第一天或许是成员之间面对面认识彼此，然后寻找共同工作的方法。到了中间部分，研讨会建立了适合我们生活方式的多种日程表，所以就有可能以虚拟方式开展。然后是研讨会最后一部分——结束与庆祝，这一部分则可能是亲自参加。好在虚拟线上给每个人提供了机会，不然我们会因会费成本或日程安排而顿足不前。在面对面部分，研讨会主讲人可能是一个虚拟人物。我们也是刚好开始发挥虚拟平台的潜力，让它们为我们服务。

为了适应一些虚拟平台，组织中新增了一些固定职位，如远程主管、虚拟空间负责人以及虚拟主持人。胜任这些职位需要具备人才开发、人际沟通与技术运营方面的背景。入职后，他们将负责促进组织应用虚拟平台，从而取得一些成果。这些职位还将负责筛选即将推出的平台，并与测试版一起工作以确定新平台。这群人员属于技术推动者或生产者，他们要确保虚拟平台能够满足研讨会参与人员的需求，从而使内容提供者或领导能够专注于内容和消息的传递。

然而，这些职位对设计研讨会来说同样至关重要，因为他们熟悉虚拟平台的功能。随着研讨会同时使用多个平台的现象日益增加，一个教学机会得以出现。该教学旨在引导参与者适应对新技术的使用，而不是征服。最近，我们参加了一场研讨会。其间，会议主持人用超过 1/3 的内容来教大家执行操作步骤。显而易见，这位主持人并没有利用自己的创造力来节约时间，或规范学习使用虚拟平台所需的时间。

使用虚拟会议和协作平台一段时间后，所有开展的研讨会看起来都一模一样。而一旦我们感到舒适，我们的创造力就开始减弱。运用我们给创造力下的定义——以不落俗套、创造美好时刻的新颖视角去识别或产生创意——你可以使用自己的创意技能去挑战大众，并以全新和独特的方式操作虚拟平台。

◎ 一个虚拟的工作和学习清单

当我们把会议、活动或研讨会的地点转到虚拟平台时，我们通常会从该平台的技术及其提供的功能开始——保持在其限定的范围内。但我们觉得，这是一个错误的起点。与之相反，从领导者或引导者的需求和所需创建的环境开始，然后对虚拟平台技术进行扩展与调整，以此来满足这些需求。当转换到一个面对面的程序时，你要利用自己的创造力将它转换成一个虚拟程序。除了议程、幻灯片、讲义和其他需要转换的材料外，也要运用你的创造力去转换无形的东西。在面对面的会议或研讨会上，我们认为这些是理所应当的事情，它们是成功的一部分。最近，我们与一个班的学生讨论了这个问题，一个学生说：

真正让我怀念的是对某个人的全面观察，观察他们的肢体语言，看他们如何走路、如何走进房间、如何来回走动。说实话，我很怀念眼神交流的时刻，在虚拟平台上这很难做到。我也怀念大家在一个房间，一起感受房间的环境。最后，我怀念大家共处时的感觉，在一个空间里一起工作或学习。

在我们进入虚拟空间之前，我们觉得这一切都是理所应当的。当然，虚拟平台也存在一些我们在面对面的情况下所没有的优势：演讲者或教导员可以身处任何地方。这样一来就为主题演讲或客座演讲提供了更好的机会。

我们对一种混合法进行了预测，我们称之为动态交期模型。接下来让我们看看到目前为止我们所知道的关于协作的优缺点（表 8-1）。

◎ 文化与科技：朋友还是敌人

在虚拟网络的研讨会中，文化和技术可以是你的朋友，也可以是你的敌人。曾经在一次研讨会上，我们已经将与会者分配到了各个分会议房间，但大多数成员迟到了 10~15 分钟。这可能会让所有参与者的体验变得不一样，特别是虚拟网络发起者，他必须费尽周折把迟到的与会者分配到各个分会议的房间。来自另外一家公司的一名员工表示，他在视频会议上的财务简报结束后，发现让大家提问有困难，然后他

职场创造力

表 8-1　虚拟平台协作观察

优点	缺点
● 在家会面，与宠物相处，我们通常会看到他们生活的另一面（尽管这只适用于他们不使用虚拟背景的情况）。 ● 考虑到日常生活的诸多（繁忙）需求，人们更倾向于建立虚拟联系。毫无疑问，虚拟联系可以节省信息传播的时间。 ● 进行虚拟联系时所发生的一切都可以保存并记录在案。 ● 如果人们是在不同的时区工作，通过虚拟平台联系，人们可以实现 24 小时联动（创造性协作）。 ● 实现这些需要创设新岗位。比如创设虚拟工作主管或者会议主持人。而在现实里的信息传递过程中，我们需要声音处理器、测位仪、信息扫描器等。 ● 成本更低：可节省旅行和住宿费。 ● 和领导见面的方式变了，我们会有更多时间或者更容易与领导接触。	● 在家会面可能会存在侵入性，尤其是对于在家进行教育和工作的父母，或者与室友同住在一个狭窄的空间，在共用厨房或浴室进行联系的人。 ● 互联网通信可能是一个挑战。农村地区可能缺乏网络，支持不了线上视频。或者人们可能负担不起网络连接费用。 ● 漏洞百出的音频和视频延迟，会给听觉不灵敏的人造成困扰，他们很难通过读唇语来弥补相关信息。 ● 看不到整个人，因为你只能看到桌子上面的东西。因此，领导要根据参会者在固定空间的走路方式决定是否发出指示，相对现实来说，这一行为变得更加困难。 ● 不能进行直接的眼神交流。 ● 领导间的亲和关系变得僵硬死板——从领导回馈中得到的细微差别（眨眼和点头）很难在二维空间中看到，甚至根本不存在。 ● 不可以在各分组会议之间随意走动或悄悄地看大家都是如何做的。 ● 在虚拟世界，促进"相互了解"的舞蹈环节取消了。在面对面的世界里，你们可能会出去吃午饭，但在虚拟平台上，这很难做到，即使是在虚拟的欢乐时刻。

突然想到让每个人都打开摄像头！你们公司在虚拟平台上的规定是关闭摄像头，只使用视频会议进行语音通话吗？主持人的摄像头是打开还是关闭的呢？

文化可以帮助不同的领导者或引导员解决虚拟空间问题。我们偶尔会与其他一些不像我们一样愿意进入新的虚拟平台的主持人或领导合作。这就造成了主持人分配不均。在一个案例中，我们遇到一位不与参会者洽谈的领导，正好相反，他全篇诵读自己的长篇评论，这让我们所有人都陷入了一种紧张不安的状态，甚至有一些与会者在摄像头下玩起了手机。主持人必须努力解决的问题就是解决这些渗透到虚拟空间的文化偏好，以确保研讨会中的每个人都能获得最佳体验。

在技术方面，要克服的问题同样具有挑战性。我们曾与一个组织合作，那里的虚拟会议发起者似乎拥有一台 20 世纪 90 年代的电脑。她的电脑故障相当多，因而参与者们感到不知所措，等待着她解决废旧电脑的问题。我们还有另一个合作过的组织，在疫情暴发前他们就对员工可以使用的虚拟平台进行了控制。通过与他们的人力资源、信息技术和法律团队合作，我们给他们提供了更多授权新平台的机会，为其员工带来了更多的虚拟网络创造力和协作机会。

作为一名领导者或主持人，你要考虑你的公司如何使用虚拟平台，以及文化和技术如何帮助或破坏你的研讨会目标。当你在安排一个虚拟研讨会时，为确保你的人才发展计划取得好的效果，要考虑一下你的公司有多少不得不打破的虚拟陈规。

为了了解文化和技术如何帮助或破坏虚拟交流，我们来谈谈无形的研讨会。除了议程、材料、内容、文化和技术方面的考虑，我们希望你关注那些无形的因素。这些因素可能是虚拟会议中的想当然的未知因素，或者只是假设它们只在面对面会议中出现。我们不会去思索它们，直到它们消失，成为虚拟窗口的牺牲品。无形之物有助于培养团队精神，建立社区和团队。当你在设计虚拟研讨会时，如何把面对面的无形之物变成虚拟的呢？在许多情况下，你必须在虚拟的无形之物上更加努力地工作，甚至夸大它们。

完成下面"转换无形之物"练习，花几分钟列出面对面接触的无形之物。然后，选择一个并将其转换到虚拟空间中。

◎ 用创造力掌控人才发展中动态的工作模式

人才发展是一个学习如何掌握动态交付模式的完美世界。在选择、聘用和得到的过程中，记录下求职者提到的所有不同的虚拟平台。此外，在评估求职者时，显而易见，那些精通虚拟平台的人将比那些不精通虚拟平台的人更具优势。最后，在人才领域，确定你是否需要一个虚拟应用的专员，比如一种可以帮助你设计和运行虚拟会议室的人。

无论你在研讨会或会议上讨论的是什么主题，这里有10条原则可以帮助你——我们称之为虚拟研讨会的10条黄金原则：

1.虚拟时间最大化。利用共处的时间进行协作和相互了解。

2.充分利用前期和后期时间。通过在线学习或其他有吸引力的形式提前告知任务或提供新信息来扩大活动范围。

3.行动和激励。不要成为久坐不动的牺牲品。利用创造力让人们行动起来。

4.重视反馈和对话。你很难懂你的听众，所以要预备多种方式，好让他们给你反馈。更困难的是和他们进行对话。

在你的议程中要强调这两点。

5. 创造安全的环境。努力让虚拟空间安全。

6. 改变它。发挥你的创造力鼓励人们参与，然后吸引他们关注内容。

7. 记住 10 分钟规则。把你的指导、演讲、讲座和报告控制在 10 分钟以内。虚拟平台使人们更容易分心。不要只是读一读，要参与其中。

8. 以半天或更短的时间为限。如果可能的话，将虚拟研讨会限制在 4 个小时以内。

9. 不断练习。虽然你可能没有必要为面对面的活动进行练习，但你必须为虚拟活动进行练习。

10. 进行技术教学。抓住一切机会对虚拟平台的使用实行微教学。例如，让参与者在介绍中尝试用一个功能。在下一个练习中，添加另一个功能，直到他们有信心使用平台。

我们在这个方向已经努力很久了，疫情把我们推向虚拟的边缘。当我们进入工作交付的下一个阶段时，我们看到动态交付模式将成为新的规范——为了获得最佳的用户体验，面对面交付与虚拟交付谨慎地结合在了一起。如何做到这一点目前尚未制定规则。发挥你的创造力去推动可能性的极限。从你的成果开始，灵活运用虚拟平台来实现你的成果。最糟糕的假设情况便是在虚拟空间中传递的内容与面对面时毫无二致。

对于人才发展集团来说，动态交付模型对于吸引、选拔、评估和发展人才来说是完美的。此外，人才发展专业人员正逢佳境，他们领跑于新的动态模型之路，因为他们一直在跨越职业的边界与无数个供应商、公司和求职者合作。利用这些知识，把你的创造力运用到工作中，为潜在的和现有的员工和团队提供内容和最佳的学习和协作体验。

我们一起来探讨那些与众不同，提高你的虚拟研讨会创造力的方法。

我们经常在视频会议平台上举办创意虚拟研讨会，并添加了Miro（在线白板工具）等协同合作技术，用于发布创意和进行头脑风暴。由于疫情的暴发，大多数专业人士都拥有使用Zoom、Microsoft Teams、GoTo Meeting、Google Meet或WebEx等视频会议工具的经验，但很少有人使用其他的像Miro或Mural的白板或协作工具。当你一边使用视频会议平台一边使用这些工具时，可能还会面临参与者过多的风险，特别是那些不懂技术的人。此外，如果参与者不能像其他人一样使用这些工具，他们可能会感到尴尬。我们通过创建人物角色来理解他们的需求，然后使用这些人物角色为参与者提供创造性的方式，让他们参与到研讨会中来。

在最近的高管研讨会上，我们首先为研讨会团队开发了一个角色。在创建团队角色的过程中，我们清楚他们不怎么懂技术。当他们进行视频会议时，他们会展示幻灯片，并在每次演示结束时进行问答。他们不使用其他的白板工具进行协作和头脑风暴。作为我们角色工作的结果，我们意识到团队成员可能会因为他们缺乏虚拟技能而感到尴尬，所以我们采取了一种创造性方法教他们掌握我们正在使用的 Miro 平台的基本用法。

首先，我们请他们使用 Miro 进行自我介绍。在聊天中，我们将链接放到 Miro 的一个位置上，当他们点击这个链接时，他们发现自己身处一个风和日丽的海滩上。在那里，我们让他们用便利贴工具介绍自己，把自己的名字写在沙滩的位置上。发帖是研讨会参与者在使用 Miro 时需要知道的基本技能之一。接下来，我们让他们在文本框中输入一个描述他们自己的单词，并把它放在名字旁。我们在视频平台上告诉他们，看着他们完成这些步骤。当他们不确定该怎么做时，我们在视频平台上共享了屏幕，向他们展示解决问题的确切方法。最后，我们让他们使用 Miro 工具，该工具可以带他们到互联网上找到他们最喜欢的专辑封面，然后把图片贴在他们的名字和描述性的词语旁边。在 10 分钟或更短的时间内，他们进入了一个新平台，介绍了自己，并使用了在 Miro 中协作所需的 3 个基本工具。另外，他们玩得不亦乐乎。随着研讨会的进行，我们引入更复杂的工具来利用创造力。如果没有角色工作和自我驱动让我们变得与众不同，我们可能会直接跳过一些步骤，从而导致混乱并让整个团队受挫。

在另一场为银行家举办的虚拟研讨会上，我们发挥创造力，在会议中加入了音乐和舞蹈。每天开始的时候，我们会请不同的成员告诉我们他们当天要听的歌曲。一整天下来，我们会趁休息时或其他人没有深入交谈的时候放他们想听的歌曲。一些成员发给我们的是国外的歌曲。这有意思极了，也体现了包容性。在研讨会结束时，我们邀请参与者跳舞。在我们的稍微鼓励下，他们从椅子上站起来，随着我们演奏的歌曲翩翩起舞。一旦音乐开始，参与者就会敞开心扉，提出其他有创意的参与方式。一位女性提议大家更改他们的视频平台名字，从而反映出一种隐藏的技能。我们发现，当你在一个虚拟的空间里塑造创造力时——主要是当你打破常规时——允许他人创新，你也会打开让创造力泉涌的大门。

用你的创造力去打败大众并添加新的和独特的方法去吸引你的虚拟用户。当你这样做时，你可能会惊讶于其他人是多么愿意使用他们的创造力来加入你的研讨会，使其成为新鲜而又刺激的一场会议。

◎ 目标结果决定技术

当我们徜徉遨游在虚拟世界时，科技的变化速度将是令人难以置信的。重要的是，要根据你想要实现的结果来开启你的虚拟之路，而不是盲目地跟风他人正在使用的最新科技。如果从你期待的结果开始探寻，你会找到一个与你目标最匹配的科技。如果你的组织帮你选择了某种科技，这种方法同样适用，只是需要从功能特性方面考虑。一旦确定了你想要的结果，你就可以灵活运用科技来满足你的需求。在建筑学中，功能第一，形式第二。在虚拟项目的设计与交付中，成果第一，科技第二。

下一章，我们将谈论如何引导他人，使其变得更有创造力。你也将明白，我们运用第六章学到的创造力发展过程相关知识，不仅可以帮助你变得更有创造力，也可以用它来帮助别人释放创造力。

日志练习：转换无形之物

1. 确定一个面对面的会议或重新设计一个虚拟研讨会。

2. 在重新设计虚拟之前，列一些有助于面对面成功的无形因素。

3. 选择一种无形之物，创造一些变化，然后想想如何将其转换到虚拟平台。想想那些不像面对面那般容易采取的方法。

创意涂鸦

4. 使用相同的步骤，把每一个面对面的无形之物转换成虚拟线上的无形之物。

创意涂鸦

第九章
超越更高：带领他人
CHAPTER9

> 每个孩子都是天生的艺术家，问题是怎样在长大之后仍然保持这种天赋。
>
> ——毕加索

本书的大部分内容都聚焦在如何提高创造力上。标新立异的想法有助于我们摆脱束缚。团队创造力与个人创造力有相似之处，但区别在于：团队代表着一个群体。在创造力团队中，"不要在团队中出风头"的念头会加深同伴之间的压力。但问题是，作为领导者，你可以帮助团队成员克服对大众人群的恐惧，去拥抱他们。那么你该如何帮助团队找回从小就失去的创造力呢？

在本章，我们将回顾在团队中让创造力最大化的 6 个领导力要求。然后，我们将把创造力发展过程应用于团队。最后，我们将深入探讨如何为创造力设计工作环境。

◎ 密切关注奖项

在组建团队的时候，要对结果有一个清晰明了的规划，要对它将如何与组织战略产生联系有清晰的认知。这可能需要你采取措施，将单位或组织的战略付诸实施。你需要身体力行。这看起来相对简单，但往往是一项比你想象中更难的任务。组织往往没有战略，即使有，也是支离破碎或者该组织的员工并不了解。

尽管寻找战略不是你的工作，但这样做会给你的团队的创造力带来回报。用每个人都能理解的简单术语重述战略，将其写在纸上，并成为战略的代理人。我们经常建议创建一个战略地图，就像 20 多年前《哈佛商业评论》(*Harvard Business Review*) 的文章中讨论的那样。要精准判断如何创建战略图。如果你的组织同样也对其战略很敏感，那么在创建战略图或审查战略图时，一定要让关键人物参与进来，尽管这可能需要更多时间。请注意一定不要触发免疫系统。用战略图创建创造力团队，并引领其朝正确方向前行。鼓励他们思考如何用战略帮助自己执行项目。同时，展示战略如何在有限的情况下为创意提供广阔的空间。

这与团队的创造力有什么关系？如果你是一位技巧丰富的人才培养领导者，你所领导的团队将变得更有创造力。有时候团队的发散思维过程会超乎你的想象，请不要阻止这个过程。在某些时候，创造力团队不得不合并。例如，他们可能有 10 个创意，但预算只能支持一个创意。帮助他们使用战略图来提前安排工作。他们必须是进行优先考虑的人，要做到这一点，他们需要很好地理解你的组织战略。关键是不要让战略遏制团队的创造力，而是要连接通往现实之路。

◎ 塑造你想要的行为

创意人士需要考虑到一些真理。如果你想从别人那里得到什么，首先要展示出来。如果你想让别人有创造力，那就证明这一点。你不仅要花时间进行创造，而且要让团队参与你的创造过程。对失败持开放态度，并设身处地设想万一创意想法或项目失败了的处置方案。让团队了解你在工作之余如何发挥创造力，而不仅仅是在工作中。你要大胆地分享通过本书中的练习获得的经验。花时间以平等身份参与团队的培训和创造力工作。如果有人在一旁观察或坐视不理，这对创造力不利。

◎ 消除团队和个人对创造性的障碍

回顾第三章所列出的创造力障碍。制订一个计划来消除或减少团队创造力的障碍。团队其他的障碍包括：

非正式的团队领导，他们削弱了创造力。这些人可能没有被正式指定为项目领导，但他们对其他人的态度和行为有一定的影响。

压制团队的外部因素。这些因素包括组织的衰退、高层领导的变化、团队章程的战略变化，或可能对你的团队造成破坏的其他团体成员。

团队结构的变化。当团队的稳定因为关键成员的变化而出现波动，这可能会给你的创造过程带来麻烦。

缺乏领导支持。高级领导可能会有意或无意地"贬低"你团队的创造力。他们可能会说："你需要实际一些，我们没有时间做白日梦。"

◎ 拥抱多样性、包容性和接受性

创造力发生在一些通常不一致的事物的交汇点上。对于团队创造力来说，这表现为对多样性的需求。作为一个领导者，要不断努力拓宽思维、背景、组织层次、种族、性别、生活方式、偏好，以及来自部门、业务单位和组织以外的群体的多样性。

为团队增加多样性的一个方法是邀请新成员，无论是核心成员还是中小企业成员。你可以通过为新成员与现有成员配对的方式来解决包容性问题。了解你的团队成员，除了眼前的任务之外，还可以让他们整个人完全投入团队中，而不仅仅是他们所认为的会被其他团队成员接受的部分。为了赞扬他们全身心投入的行为，你可以邀请他们分享或领导某场与他们的背景相吻合的活动。最重要的是，塑造你想要的行为方式。如果你作为领导者具有包容性和接受性，你的团队成员也会如此。你也可以创建包容性练习，帮助团队决定哪些是有利或者不利于团队文化的因素。

◎ 在团队中创造一种合奏的心态

作为一个领导者，仅仅注重多样性是不够的，团队成员必须像一个乐团一样感受和表现。合奏来自乐团，成员们互相帮助，互相支持，绝不让其他成员悬置。合奏相当于给每个团队成员无条件的支持。通常情况下，让团队体验合奏力量的好方法是通过即兴表演来训练。

◎ 鼓励玩兴

一项又一项的研究表明，创造力和玩兴不仅有关，而且是正相关的和互为前兆的。玩兴能增强创造力。玩兴是一种轻松愉快的品质，它不担心能力或自大，不把规范当作神圣的东西。爱玩的人是有趣的，他们是无拘无束的。玩兴作为一种特质非常符合我们对创造力的定义，即与众不同。

作为一个领导者，你需要做两件事：提高玩兴中的游戏性，并知道如何在玩性中进行团队活动。关于成人的玩兴有大量研究。由研究人员神恩、奇克和津恩创建的成人玩兴特征量表（The Adult Playfulness Trait Scale）总结了能提高创造力的玩兴特征。这些特质是乐趣、信念、反应性、不受约束性和自发性。

玩兴是创造力和领导创造力最重要的特征之一。完成下页的"玩兴"练习，反思哪些玩兴可以带来机会。请记住，根据玩兴目的，思考如何在创造性的过程中增加玩兴。玩兴要从头开始，整个过程趣味性要强，毫无拘束地享受其中的快乐，不怕被认为滑稽无聊，而是发自内心的自由随性。

现在，你对作为人才发展领导者应该展示出的鼓励团队创造力的关键行为有了一些了解，让我们来看一看如何让创造力成为一个团队过程。

◎ 领导和引领团队度过创造力的高潮和低谷

随着创造力团队的成熟，创造性张力和产出可以在前兆性行为中体现出来。如果我们看一下第六章中的创造力发展过程，并将其应用于团队的成熟阶段，我们会看到一个反复出现的高点模式和低点模式（图9-1）。

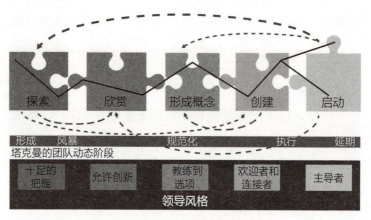

图 9-1　团队创造力发展过程

探索：信心十足

在探索阶段，多个个体形成了一个团队，开始考虑他们将如何一起工作。心理学家布鲁斯·塔克曼的团队动力学模型称这是形成阶段。大多数团队在开始时都很兴奋，为加入团队和从事创造性的工作而兴奋。然而，当他们纠结于前进的道路和合作方式时，很快就会陷入迷雾之中。作为领导者，恰当的领导风格是尽可能根据团队需要增加体系。团队意识到这是一个不确定的领域，所以表现出自信并以团队协作的形式提供体系将是有益的。

与我们合作的一个人才招聘团队正在寻找一种创造性

的解决方案来评估创新领域的新人才。在探索步骤中，该团队创建了一个沙盒，用来收集机会。沙盒给创造力团队限定了行为的边界。在这个案例中，团队决定他们想探索潜在的工商管理硕士新员工如何与现有员工合作，以解决创新问题。他们想看看申请者如何与现有员工合作，以及他们如何使用创新知识来影响他人，而不是傲慢地解决这个问题。

欣赏：允许创新

欣赏是创造力团队的一个挑战阶段。对团队成员来说，这个阶段的创造力工具通常是新的，他们可能会对创造感到犹豫不决。这个阶段的创造力工具包括传统的工具、模拟工具和名义群体技术。这个阶段是一个适应性的问题解决阶段，没有正确的答案。团队常常感到迷茫，或者不确定他们的方向是否正确。这个阶段通常被称为团体动力学中的风暴阶段。

欣赏阶段是团队成员变得沮丧或重新组织他们希望项目如何进行的阶段。这往往是成员将自己的创造力用在团队中的第一个阶段。对于健康的、有创造力的团队来说，这时他

们开始减少对领导者的依赖，并通过分布式领导开始找到正确的方向。作为一个领导者，适当的风格是"允许创造力"。鼓励他们克服最初的犹豫不决，鼓励他们发挥创造力，树立创造力的榜样，并支持他们的创造性肌肉建设。

人才招聘团队想尝试一些新东西。他们想把新的工商管理硕士申请人和现有员工组成团队，让他们解决现有的创新问题。他们将其命名为"公司创新挑战"。当我们看着他们走过这个阶段时，他们表现得很挣扎。一开始，他们不断要求我们解决出现的问题，但随着项目的推进，他们不再指望我们，而是自己做出一些决定。这些决定围绕着如何工作和创新问题应该是什么展开。例如，它是世界上的新问题，还是一个渐进的问题？创新的时间框架是几个月，还是几年？他们有一些分歧，直到他们走到一起，找到前进的道路。他们创建了所谓的机会摘要，其中包括团队规模、员工姓名、问题定义、将使用哪些创新工具、开发评估的时间和地点。

规范化：从教练到选项

到了构思阶段，团队已经进入了紧张的状态。他们正在分工合作，探索他们的洞察力和可能性。在这个阶段，新成员可能会在不同时间段加入，以便为特定的创造性构思增加多样性和专业知识。在小组动态中，团队可能仍然处于风暴期。当他们开始看到什么是可能的时，团队就应该进入规范期。理想中适当的领导风格是支持团队扩展和创造选择。例如，领导层的问题可能是：这是一个最好的想法吗？我们可以把它和什么放在一起，让它更有创意？我们怎样才能……

在这个阶段，人才招聘团队把自己分成了一些较小的任务组：计划与申请人沟通，确定练习所需的地点和工具，确定一个公司的赞助人，向团队介绍创新挑战。他们开始合作得很好，彼此信任。他们还支持每个子团队发挥创意，跳出固有的思维方式。

创建：欢迎者和连接者

在创建阶段，团队将开始找到他们的步调。他们要艰难决定哪些可能是进步的举措。他们进入了执行阶段，尽管有些团队在做出决定时可能会恢复到风暴状态。一些团队成员可能认为他们的想法并不先进。在创建阶段的大部分时间里，团队的创造力从无形变为有形，因为他们开始原型设

计和测试。在这里，合适的领导风格是作为一个欢迎者和连接者，将成员介绍给可以在启动阶段帮助他们的人、团队或公司。从这里也许你可以找到他们所需的事物：人、资金、技术。

人才招聘团队开始对他们的创新挑战进行微调。他们遇到了一些死胡同，但很快就恢复了，并走上了新的道路。他们甚至可以创建一个预算和一个高级领导简报，向公司的关键人物传达创新挑战是如何进行的，以及他们对申请人的要求。

启动：主导者

在最后阶段——启动，团队的创造力会产生一个结果。这个阶段也是团队解散的地方。小组动态阶段是休会。作为领导者，适当的领导风格是作主导者。团队成员在离开团队时，会对团队的整体表现以及他们在团队中的个人表现有不同的看法。这是你与每个成员一对一见面的机会，帮助他们完成下一个任务。这也是帮助他们反思团队工作成果的机会，这样他们就可以把学到的经验带到下一个创意团队中。

这些描述是一般性的。每个团队都有独特的性格和文化。相同的是，创意团队会经历起伏，而你作为领导者的角色是转换风格，使团队能够进入下一个阶段。意识到不同的团队阶段以及团队对每个阶段的反应将有助于创意团队的领导。

人才招聘团队举办了他们的创新挑战。结果很显著：公司不仅受益，而且工商管理硕士申请人评论说，这是他们最喜欢的评估工具之一，是在任何公司都没有过的体验。他们的经历使他们想为公司工作。该团队选择了成功的求职者，并将他们的选择传达给招聘主管，以发录用信。在最后一次会议上，他们总结了一起工作的重要意义，表达了对任务结束的无比伤感。

◎ 创造性的环境设计

作为一个领导者，你要花大量的时间来帮助团队变得更有创造力，从而创造一个可以激发创造力的环境。我们看看如何通过设计 6 种类型的空间来做到这一点，为你的团队培养最佳的创意体验。

物理空间

物理空间可以支持或阻碍一个团队的创造力。虽然我们大多数人不能对我们的物理空间进行大刀阔斧的改变，但小的、好玩的细节可以增加创造力的精神。例如，在房间周围张贴与创造力有关的名言，添加小玩意，以帮助激发团队创作时的灵感。将空间划分为工作站也有帮助，特别是如果你有一个大的区域。我们为一个创意团队提供了便利，我们把房间的一部分摆成了圆桌。当我们有新的信息和新的材料要介绍时，各小组就坐在桌子旁——这就是演示空间。我们把房间的后半部分布置成创意小品的空间，有白板、便签和一台打印图形的打印机——这就形成了合作的空间。支持运动的物理空间是理想的。

当你在设计物理空间的时候，要考虑到你要达到的结果。我们建议一位领导人把第一个创意团队的旅程和精神与组织的其他成员进行交流，我们建议把这个团队设置在食堂里，这样每个人在去喝咖啡的路上都会经过。或者在他们取午餐时与他们互动，他们的好奇心会被激发。你可以调整、重新利用或重新设计哪些公共或公用空间，以激发团队的创造力？

虚拟空间

许多创意团队在虚拟空间中工作。在第八章，我们概述了如何主持一个虚拟的创意团队。当你设置虚拟空间时，要注意和有意为之。想一想你想创造的主题，并利用你的虚拟选项来促进这个主题。此外，混合物理和虚拟空间以获得最佳的结果和体验。

安全空间

我们建议举行一次专门针对创建安全空间的规划会议。重要的是将安全空间的规划作为一种深思熟虑的行为，而不是听之任之。例如，我们强烈建议你不要记录面对面或虚拟会议，录音总是会破坏人们全力以赴进行创作的意愿。

当有人承担风险时，无论大小，一定要承认这种风险，这样其他人就会看到，他们也可以这样做。小到允许别人在轮到他们的时候通过创意练习，都意味着这是一个安全的空间。通过允许他们通过，他们知道自己不会感到尴尬。

设定基本规则也能增加安全空间，特别是如果这些规则来自参与者。保密性是至关重要的。如果团队成员认为他们发布的任何疯狂的想法都会在团队之外受到谈论，那么他们就不太愿意发挥创造力。听取那些没有机会发言的人的意见是创造安全空间的另一种方式，特别是开放式的询问，这样就不会因为叫到某人而感到尴尬。

合奏空间

从第一天开始，鼓励团队创造一个合奏空间。这就是我们练习舞台演员使用的合奏技巧的地方。教导和推广使用"是的，而且"，即一个想法是立即同意，然后接受者对这个想法进行补充。用练习来证明合奏成员是相互支持的。如果有人站出来，团队会支持他们。同样地，团队成员也有责任帮助对方表现得更好。这意味着，如果有人在挣扎，其他团队成员就会跳出来帮忙，而不会有任何评判。

一个很好的"是的，而且"的练习是讲故事。让参与者站成一圈，或者给他们一个顺序，在虚拟空间中谁跟着谁。用一句话开始讲故事，并使其具有煽动性。例如，"杰克从沉睡中醒来，当他意识到自己昂贵的手表不再放在床边的梳妆台上时，他慌了"。然后请圈子里的下一个人说"是的，而且"，接着是故事的新台词。围着圈子转一圈，直到每个人都有机会对故事进行补充。团队当场创造了一个故事。这很有效，因为他们不能真正地提前思考，而只能接受并在最后一句话中添加内容。如果你尝试这个方法，请给领导者一个提示。提醒团队，他们是在一个工作环境中，要确保故事是适合工作场所的。

平等空间

创造力需要平等。如果你想让团队在创造力方面表现出色，每个人都必须得到尊重和平等的地位。如果团队中的人在你的组织中担任不同级别的角色，鼓励大家把头衔留在门口。我们曾与一个团队合作，当成员提出想法时，他们会瞥一眼房间里的高层人士以获得批准。我们努力工作以消除这种适得其反的行为。我们让大家把自己的头衔写在便条上，放在门外，以消除这种来自上级的监督感。

实验空间

为加强创意团队，你能采取的最好行动之一是强化实验心态。这意味着我们可以表达某些观点，或采取一些行动，然后把它们收集回来。这也意味着，如果一个成员想尝试某些东西，他们可以有适当空间来测试想法，而非受大众能力限制。

能够说"我只是想做个实验",这简直是一种正常的解放。

作为一个创意团队的领导者,请考虑这 6 个空间,并调整每个空间以适应需要。一个团队周围的空间对于创造性地追求解决方案是最重要的。这些空间都不需要给你的项目增加成本或时间,所以要对它们进行试验并不断调整,直到得到团队所需要的创意空间。

◎ 人们是自己创造力的代理人

最成功的创造力团队领导者鼓励人们成为自己创造力的代理人。他们为成员提供技能、工具和知识来创造和判断他们的想法。对于一个团队来说,让其意识到他们的创造性想法不应该继续下去,比让一个高级领导人阻止他们的想法要好得多。这往往会给创造力带来意想不到的后果。如果你给团队提供关于组织或客户将如何评判他们想法的信息和知识,这对他们自己评估想法是有利的。

我们曾在一家公司工作过,那里的高层领导确定了创意产品、服务或流程的 3 个标准。他们利用这些标准,在每个团队的工具包中增加了一个自我评分机制,因此,在关键的决策点上，他们可以自我评估他们的表现或想法是否会被资助。拥有这种自我评分机制有两个目的：其一，让团队成员了解到他们的想法需要什么才能获得绿灯；其二，让团队成为自己想法的代理人。以这个标准为基础，他们可以向领导层说明为什么他们的想法应该继续下去，他们可以调整创意产品、服务或流程，甚至在没有通过审核的情况下搁置它。有了标准和评分，他们不需要领导小组、董事会或高级领导来告诉他们为什么创意可能不会被采纳。

◎ 玩兴

我们怎么强调都不为过，领导者在领导和促进创造性团队时，培养一种玩兴是多么重要。我们与各种类型的领导者和引导者合作。我们注意到，那些具有较高玩兴商数的人会从他们自己那里和他们的团队中获得更多的创造力。在认识了成人玩兴特征量表后，我们建议你寻找能帮助自己在想要扩展的领域发挥玩兴的活动和研讨会。参加一个即兴表演班就是一个好的开始。寻找其他能释放你玩兴的体验，我们知道它就在那里等待挖掘。

🎨✏️ **日志练习：玩兴**

1. 描述你某一次在工作活动中因增添了玩兴而给同事带来了更多乐趣的一次经历。然后画一幅你心情愉快的漫画。

创意涂鸦

2. 描述你认识的最不受约束的人。这如何帮助他们更有创造力？然后画一个代表游戏性的符号。

创意涂鸦

结语

> 已有的事、后必再有。已行的事、后必再行。
> 日光之下并无新事。
>
> ——所罗门

有些人可能会觉得本开场白悲观且毫无鼓舞之力。然而，这种说法的确存在，不是吗？在你生活中，或周围人的生活中，哪些事情和经历对你而言是真正意义上的耳目一新，而且前所未有？难道这些眼前一亮对你而言不是更好吗？

以下例子，你可以进行反思：

- 尽管 2020 年新型冠状病毒感染史无前例（在某些方面前所未有）。但是，我们可以将之前的 1918 年流感等大流行视作前身。

- 看过电影《布雷迪一家》（*The Brady Brunch*）的人都记得，它的开场以 3×3 的网格展示了主要的家庭成员。这有点像我们当前使用的 Zoom 或 Microsoft 团队

会议。

- 再生木材家具行业发展趋势如何？人们在这里变旧为"新"。

虽然这些例子表明"没有什么新鲜事"，但这并不意味着创造力不再是一种选择。

创造力的美妙在于它永无止境，因为人类不断在进化。在整本书中，我们分享了一些人的例子和故事，他们保持好奇和探索——观察那些看似不相关的东西，去挖掘见解并获得新的视角，用截然不同的方式重新思考和审视，以颠覆他们对某些事物的第一印象。我们已经分享了如何探寻新的见解或观点的工具和技术。为测试已知偏见或揭露无意识偏见——那些将影响你对自身、所在组织和周围世界看法的偏见，我们向你发起挑战。我们鼓励你探索压力，这些压力会影响你的选择，让你成为一个渺小的人，而不是拥抱具有独一无二超能力的你！

当我们通过创造过程来寻找产生共鸣的词语、故事和练习时，你始终站在思想的最前沿。培养个人能力、发展专业能力和影响组织能力不是一朝一夕就能做到的，我们知道这项工作可能非常艰难，但也可能有很大的回报。我们想给你创造一个振奋人心、具有挑战性且有心理安全感的空间，以便你采取行动并做出选择，从多角度探索自己和周围的世界。我们希望你愿意接受创造力带来的混乱状况。

作为合著者，我们致力于通过此次经历挑战自己，包括挑战智力、观点、偏见和内心深处的自己。虽然本书的愿景和意图是支持您作为人才发展专业人士的成长，但我们希望自己也这样做。我们要相互尊重，信任对方以及信任整个创作过程。我们讨论了那些内心的声音：我们需要"维持安全感"、躺在自己的舒适圈，而不要冒着创意风险去呼吁一些更重要或更深刻的东西。我们一起积极为真实可信的对话建立一个安全的环境，最终对你所阅读过的书和经历过的事，都可以拥有绝对的自由发言权。

愿这些伴你前行：

- 拓宽了关于创造力的丰富见解、知识、技能和行为。

- 拥有识别新观点、抓住创造力机会的能力，然后产生新想法，提高解决问题的自信和能力。

- 既有不落俗套的个人关系又有让你坚持创造力之旅的勇气。

没有勇气，就没有创造力。

——乔治·普林斯

祝大家一切顺利，请随时在领英（Linkedln）上与我们联系，让我们知道您的旅程进展如何。

——南希和唐娜

▇ 附录：创意日志

　　我们一直相信使用文本和图形进行非结构化和结构化日志记录的作用。这本书中的结构化日志页面旨在帮助您更深入地理解我们介绍的创造力概念。大部分练习还要求您画一张创意涂鸦。如果您不习惯画画，起初您可能会犹豫不决，但一旦您开始行动，您会发现涂鸦为您提供了另一种表达想法的方式。您的想法通过文本和图形更全面地展现出来。打破常规，行动吧！

　　虽然我们拥有技术，但我们仍然看到各种创造性方法的价值。我们知道有很多用于日记的应用程序和技术解决方案，但我们更喜欢在一张纸上写作和画出变革的力量。这样一来，您就有了思考和冥想的时间，还创造了共生的反思空间。由此，您还可以看到应用程序常常限制的内容，即每一页的演变过程。通过查看您在页边空白处划掉、绘制和书写的所有内容，您可以看到自己的想法是如何演变的。在练习时请记住这一点——不必让它们看起来像编辑过、排版过或是永久不变的。

正如南希的意大利朋友和亲戚所说的停止标志——日志结构只是一个建议。请随意更改格式，以满足您自己的需求，并在线条外画画。我们只将这些完整的版本作为思想的开端。请记住，没有正确答案！

日志练习：你的创造力灵感

我的灵感：　姜（来自人才推介）

1. 他们是如何展示创造力的？

他们的创造力是否涉及我们定义的这些部分：感知理解、富于创造、眼光独到、标新立异、顿悟。

我所在的人才招募团队需要向高管们推销。姜提议她可以用有趣的押韵方式唱一首结尾歌。没人有更好的主意，所以我们同意了。

创意涂鸦

新点子

2. 为什么他们能引起你的共鸣？

我吓坏了！没有人向高层领导唱歌。在身体和情感上，我都逃离了。我想保留我的选择，以防不起作用。但效果非常好，我觉得自己像个懦夫。对我来说，做出承诺是多么困难啊！

创意涂鸦

SR Leaders
□□□□

Jiang

Me　　our team

3. 如何展示创造力？或当你有了创造力，它对你产生了什么影响？

（1）往相反的方向走，但你必须坚持下去。

（2）当我赞同一个新的想法时，我需要克服恐惧并坚持下去。

创意涂鸦

Norm →→→→
New Norm ～～～

Yes, And for it!

🎨 日志练习：待完成的工作

你会需要创造力去做哪三件事？在下列空白处写下并画出你的概念图。

示例 1

在工作中，我是重新设计人才选拔团队的一员。我将使用创造性的工具引入新的视角。我会用创造力让同事们对我刮目相看。

创意涂鸦

示例 2

我 8 岁的女儿对她的一些课程感到厌烦。我将发挥创造力，创造新的方式来吸引她对课程的兴趣。

创意涂鸦

示例 3

我是当地救济厨房的志愿者。我们需要新的见解来获得资金。我将运用创造力以不同的方式进行领导。

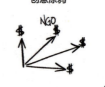
创意涂鸦

日志练习：假设……

1. 简单描述一下当前你认为存在的挑战或难题。

> 我的行业正在发生变化，我敏锐地意识到我需要：
> · 转行。
> · 调整或扩展我目前的技能，使其在我的领域内更具市场价值。

2. 现在，通过"假设"将挑战或难题重新定义为机遇。

> 如果我放弃创业，转而成为一名员工，会怎样呢？

3. 对于同样的机遇，再写3个"假设"句子。

> （1）如果我尝试了一些新的东西或学习了一套新的技能，但没有回报会怎样？
>
> （2）如果我发现一些完全不同的东西让我更满足，会怎样？
>
> （3）如果我要去做的事情不赚钱会怎样？

日志练习：假设……（续）

4. 把之前的挑战或难题看成是机遇，你是什么感觉？

> 可怕的！打破我的模式的想法似乎太鲁莽了。

5. 在接下来的 24 小时内，你将如何把"假设……"融入你的思维过程和对话交流中？

> 我会写日志，不加评判地研究各种可能性，并对我的发现持开放态度。

日志练习：我最具创造力的团队经历

1.回想一下你以任何身份（员工、志愿者、个人）参加过的团队。从中选择一个你认为最有创意的经历。

人才发展团队，我们在那里接受了新公司的价值观，并为公司的每个团队创建了学习地图和工作团队体验。

创意涂鸦

2.描述你和其他人做了什么让它如此有创意。

你是否打破常规，进入新的领域？你是否用到了新想法或新技术？是否在团队中有过深刻的创造性体验，使团队更为团结？团队中是否有一位创造力的天才，帮助大家变得更有创造力？

我们环顾世界寻找新技术，然后将其用于我们的应用中。这是一项艰巨的工作，但结果是值得的。

创意涂鸦

3.描述一下你在这个团队中的感受。

回想一下你在团队最有创造力时的感受。记下你内心的想法和感受。

自由自在、行事高效、心满意足、感到好奇、开心快乐。

创意涂鸦

日志练习：释放组织中的创造力

1.对组织中最主要的 3 个创造力障碍进行头脑风暴。

> ·在项目中发挥创造力需要花费太多时间。
> ·我们有一种阻碍创造力的封闭文化。
> ·我们不知道如何发挥创造力。

创意涂鸦

2.从上面选择一个能吸引你的障碍。如果它与创造力相碰撞，会产生什么样的效果？

比如，如果障碍是缺乏足够的时间，那么创造性的洞察力可能是如何创造出更多的时间。交汇点是每个人在工作上都有自由支配的时间。想想如何吸引那些想要把自由支配时间用在创造力上的人。

> 时间：创造快速的创造力工具，利用创造力的吸引力来挖掘人们的自由支配时间，吸引那些想要有创造力的人。

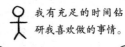

创意涂鸦

我有充足的时间钻研我喜欢做的事情。

3.为了帮助自己在组织内释放出更多的创造力，你打算怎样提出这些解决方案？

你可以在自己的部门建立一个"品脱＋铅笔"的亲和团队，或每月举办一次创意活动。解决方案将取决于组织的特点以及你个人愿意在其中投入多少时间和精力。

> 创建一个创造力亲和小组。尝试品脱＋铅笔活动。

创意涂鸦

大家都来吧！

日志练习：我的创造力敌人清单

1.创建你的敌人清单。进行头脑风暴，想想是什么阻碍了你的创造力的发挥。

（1）不知道工具和术语。
（2）感觉创造力不能成为一种习惯——我不能依赖它。
（3）我没有时间浪费在没有结果的创造性努力上。
（4）我不喜欢被评判。

创意涂鸦

2.选择一个敌人。通过问"5个为什么"，帮助你更深入地了解这个敌人。

没有明确的结果就不能浪费时间：
（1）这让我不想尝试。
（2）如果我花了很多时间在这件事上，却没有什么好结果，那就是浪费时间。
（3）我不喜欢浪费时间。
（4）我有太多事情要做。
（5）我没有很好地划分优先级。

创意涂鸦

3.思考出相应的答案，设计一个具有指导意义的实验来帮助你战胜这个敌人。

每天早上优先安排30分钟的时间来发挥创造力。允许自己去思考或者不去想一些有创造力的东西。你可以称之为创造性的恢复时间，像冥想一样思考。

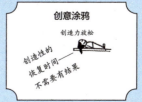
创意涂鸦

日志练习：你心中的百战天龙

1. 列出尽可能多地使用回形针的实用方法，用时 45 秒。如果你有时间，可以画一个涂鸦。

· 将文件放在一起。　　· 制作手镯。

· 开一把锁。　　　　　· 挂上装饰品。

· 在糖浆顶部戳一个洞。

· 将图片挂在绳子上。

· 清理一个小角落。

· 举起攀爬的藤蔓。

创意涂鸦

2. 你是如何想出这些方法的？

这些事情我都做完了。

3. 如何在组织中应用发散性思维？

选择一个预期的流程，并查看它是否是最有效的流程。也许是这样，但随着时间的推移，经验和技术发展表明，它可能会得到改进或简化。

日志练习：孩子般的探索欲和好奇心

1. 观看儿童频道的《好奇心与探索欲》（*Curiosity & Wonder*）或卡罗琳·拉文主持的视频节目《孩子般的好奇》。请问你看了哪部视频？

> 美国公共电视网儿童频道的《好奇心与探索欲》。

2. 思考你所观看的内容，列出 3~5 个关键要点。

> · 好奇心始于放慢脚步。花时间去看一看和闻一闻。
> · 在现场。
> · 任何情况、任何人或某件物体的意义众多。
> · 孩子们不是局促不安的。

3. 在生活和工作中，好奇心是如何帮助你的？

> · 更少的压抑。　　· 更深入的研究。　　· 更好地保持记忆力。
> · 更加自信。　　　· 更好的连接。

日志练习：孩子般探索欲和好奇心（续）

4.在满足好奇心的时候，你更想要的是什么？

联系　　异想天开　　顿悟时刻

5.列出 7 种激发孩子般的好奇心和探索欲的方法。

（1）听我儿子和朋友们的对话。
（2）与我的小侄女交流，与他们交谈、倾听和玩耍。
（3）进行一次自然漫步。没有时间限制！
（4）带我儿子去博物馆，让他当向导。
（5）观看太阳马戏团的表演。
（6）去野营，把我的手机和电脑留在家里。
（7）教小学生艺术。

6. 在接下来的 24 小时内，你能采取什么行动来满足自己的好奇心呢？

陪我的儿子玩乐高积木。

🎨 **日志练习："如果……会怎样"陈述**

在下面空白处写出 3~5 个你自己的"如果……会怎样"陈述。

（1）如果我换工作会怎样？

_____

_____

（2）如果我调整或扩展自己目前的技能，让自己在相关领域内更具市场价值，会怎样？

_____

_____

（3）如果我花时间培养自己的美术技能会怎样？

_____

_____

（4）如果我开始通过当地的商会建立网络会怎样？

_____

_____

（5）如果我花更多时间推销自己会怎样？

_____

_____

日志练习：最佳状态的我

1. 联系 10 个人，让他们每个人用 2~3 个词来描述你。

2. 用你收集的词语填空。需要的话，再创建一页表格，不要局限于现有的表格。

专注的	积极的	有决心的
精力充沛的	快乐的	专注的
有决心的	好奇的	深思熟虑的
快乐的	独立的	有决心的
有决心的	自信的	精力充沛的
热情的	专注的	详细的
有趣的	精力充沛的	专注的
独立的	有创造力的	自信的
积极的	积极的	意识到的
独立的	思想开明的	积极的

3. 看看你写下的单词，然后反思。问问自己：

我看到了什么？

一些人的反应类似，尤其是在专注和决心方面。

出现了什么主题？

似乎有一种精力充沛、独立和专注的感觉。

让我好奇的是什么？

当我处于最佳状态时，我似乎有着强烈的驱动力。朋友、家人和同事都认为我在制作时是"最好的"。

日志练习：我如何能?

1. 从"最佳状态的我"练习中选择一个最能引起你共鸣的主题，并复习相关词语。写在这里：

> 下定决心的

2. 将计时器设置为 3 分钟。

3. 尽可能多地使用以下格式编写"我如何才能"语句："我如何才能＿＿＿＿＿以便 ＿＿＿＿＿？"例如：我如何才能建立与高级领导层合作的信心，以便我在生产车间对员工的发展产生更大的影响?

> · 我如何利用自己的决心来确定我职业生涯的下一步?
> · 我该如何集中精力探索日常工作中增加创造力和人际互动的方式?
> · 如果我给自己足够的空间和时间去追求职业上的改变，我怎么能相信我坚定的决心会带来成功的结果?

4. 检查你的选项，选择一个与你有共鸣的"我如何才能"语句，在步骤 3 中使用。把这句话写在这里。

> 如果我给自己足够的空间和时间去追求事业上的改变，我怎么能相信我坚定的决心会带来成功的结果?

207

日志练习：反向思考

1. 在第一栏中根据你正在面对的挑战写出 3 个猜想。

2. 选择并解决以上其中一个猜想。

3. 在第二栏中，至少定义两个相反的事实，然后思考它们如何影响你正在处理的挑战。

4. 在第三栏，从相反的角度描述新的方案（服务或产品）。

5. 根据第一栏中列出的每个猜想，重复步骤 3 和 4。

猜想	反向思考	解决方案
描述一下你对挑战的猜想	描述这个猜想的两个相反现实	描述解决挑战的潜在方案
要花太多时间。	（1） （2）	
会挣不到足够的钱。	（1） （2）	
将需要额外的学历或证书。	（1）能够挣更多的钱。 （2）可能不需要挣更多的钱。	· 尽量减少我的准备费用。 · 进行研究，深思熟虑地采取对财务负责的措施。 · 制订明确的财务计划并坚持执行。

改编自《古森斯》（Goossens，2020）。

日志练习：给未来自己的一封信

在下面空白处给 6 个月后的自己写一封信。写信时，仔细思考这些问题：

- 环顾四周，我看到了什么、经历了什么、听到了什么、感觉到了什么？
- 旅途怎么样？
- 有什么是我现在知道而以前不知道的？
- 我周围的人都是谁？

你写完这封信，在下面的空白处勾勒出你今天看到的以及 6 个月后的设想。

<table>
<tr><td>现在</td><td>6 个月后</td></tr>
</table>

装满了所有的桶

对我来说：

　　这可以用两个词来概括：相信自己。你从未开始过一些你没有完成的事情，也从未遇到过你想做却无法实现的事情。

　　6 个月后，你会尝试一些比现在更有成就感的事情。你将以一种更超前的方式锻炼你的创造力。你的工作将更有意义，让你对他人更有影响力。

　　当你回首今天的时候，你会疑惑，当你全神贯注、全心投入、全力以赴的时候，为什么你花了这么长的时间才相信自己，相信自己的能力，相信自己用心去做的事情。历史已经证明你会成功。

　　我期待着体验这些变化和机会。

日志练习：行动计划

目标： 改变我的职业生涯，对人们产生更大的影响，同时更好地发挥我的创造力。

行动	与何人／组织，在何地	在何时
加入一个专业的社交团体	当地的商会	本周
通过社交媒体变得更加活跃	领英和推特	本月
创造一个创造性发展的空间（工作室）	在我的居家办公室	两个月

改编自《信用修复》（*Credit Repair*，2019）

日志练习：我的创造力宣言

1. 请倾听自己内心创造力的声音，写下你的真实想法。

- · 如果由他人领导，我可以发挥创造力。
- · 我从不确定自己的创意是否好。
- · 我有一些引以为豪的创意例子。
- · 我帮助同事想出了新点子。

2. 大字写下：我有创造力，我能激发别人的创造力。在它周围画一些星星、箭头、心形等。

创意涂鸦

3. 思考一下你对自己宣言的反应，并写下来。你的宣言可信吗？是不是只有部分是真的？

我不确定自己是否已经做到了，但我已经越来越近了！

4. 给你内心的声音取个名字，写下你想告诉这个声音的关于宣言的内容。

"舒适沙发"：谢谢你这么多年来让我安全舒适。我意识到自己在身体和精神上都需要支持我的创造力。激励他人的事实鼓舞着我，我希望自己的生活中有更多这样的东西，正因为如此，我需要让你知道我正在寻找一个新支撑点，以此立足。

日志练习：培养创造性习惯

1. 写一份自我陈述，谈谈你想把哪方面培养成创造性习惯。

> 创造力团队推动者：创新思维

2. 定义可能帮助你实现身份的 1% 和系统。

1%	系统
在我们开始解决问题之前，我们将创造一个不可能实现的梦想。	·开箱即用的创造力工具 ·梦想家的难以实现的灵感案例

3. 使用行为改变的四定律来建立一个习惯循环。

· 提示：在开始解决问题之前，我们会在团队基本规则中加入对不可能梦想的呼吁。
· 渴望：重述我们组织实现的不可能的梦想。我们的团队非常需要让人们惊叹。
· 响应：我们将把团队分为两组，并使用不可能的梦想工具为每个团队创建一个开箱即用的创意。然后，我们将投票表决最可行的想法（有趣的投票）。
· 奖励：获胜团队将获得"不可能的梦想"贴纸（或其他有趣的奖励）。

4. 在尝试这个习惯循环一段时间后，反思你的进步。你的下一个 1% 会是什么？

前两次尝试都没问题，人们都待在自己的舒适区。第三次尝试时，我们玩得很开心，出现了一些好主意。接下来的 1% 是在我们的解决方案中使用伟大的想法，让我们的想法发挥作用。

创意涂鸦

不可能的梦想

日志练习：转换无形之物

1. 确定一个面对面的会议或重新设计一个虚拟研讨会。

> 人才招聘团队设计思维研讨会。

2. 在重新设计虚拟之前，列一些有助于面对面成功的无形因素。

> · 快速了解他人。
> · 阅读研讨会参与者的肢体语言。
> · 在研讨会结束后建立一个持续的社区。
> · 利用咖啡休息时间互相了解。
> · 晚餐可以轻松讨论和娱乐。

3. 选择一种无形之物，创造一些变化，然后想想如何将其转换到虚拟平台。想想那些不像面对面那般容易采取的方法。

> 建立社区：
> · 每次都能结识新朋友。
> · 在白板上进行有趣的介绍练习。
> · 通过添加一个形容词来改变你的窗口名称，南希（电影迷）坦南特。
> · 在研讨会上谈谈你最大的收获。
> · 为等候室创建一个播放列表。

创意涂鸦

社区篝火

4. 使用相同的步骤，把每一个面对面的无形之物转换成虚拟线上的无形之物。

> · 了解他人：通过询问你名字的故事来开场。
> · 阅读肢体语言：定期登记，让人们聊聊自己的感受。
> · 咖啡休息时间：为两名随机参与者之间的即兴会议找到一个应用程序。
> · 晚餐：半小时的虚拟快乐时光。

创意涂鸦

213

日志练习：玩兴

1. 描述你某一次在工作活动中因增添了趣味性，从而给同事带来更多乐趣的一次经历。然后画一幅你在游戏状态下的漫画。

我穿上服装，传达即将到来的办公室圣诞派对的消息，甚至改变我的说话方式和肢体动作。我的同事们尴尬地笑了，然后放松下来，开始讨论我们将如何庆祝。

创意涂鸦

2. 描述你认识的最不受约束的人。这如何帮助他们更有创造力？然后画一个代表游戏性的符号。

校长大卫：

为了赢得学生的尊重，他以创造性的、不受限制的方式与他们联系。例如，在自行车前面安装一张桌子，然后骑着它穿过大厅。他不在乎他们是否嘲笑或取笑他，因为他知道他们正在关注他，并发现他是容易接近的和确实存在的。

创意涂鸦